A FORÇA
DO UM

ANDRÉ TRIGUEIRO

A FORÇA DO UM

CATANDUVA SP 2020

Para Claudia, Larissa e Rachel,
pelo amor que nos une e
nos fortalece a cada dia.

A
APRESENTAÇÃO **12**

1
A ESPERANÇA É O COMBUSTÍVEL DA VIDA **16**

2
REINVENTANDO-SE **22**

3
VIVA FERNÃO CAPELO GAIVOTA! **30**

4
SANEANDO A PRÓPRIA PSICOSFERA **36**

5
PUXANDO O EXTRATO **42**

6
CONVERSANDO É QUE A GENTE SE ENTENDE **48**

7
SERÁ SURPRESA? **54**

8
CONFIANÇA NA VIDA **60**

9
MINHA ENTREVISTA COM DALAI LAMA **66**

10
A IMPORTÂNCIA DA PAUSA   74

11
OS TERREMOTOS DE CADA DIA   82

12
CURSO DE FELICIDADE   90

13
AQUI E AGORA   96

14
CUIDE BEM DO SEU AMOR   102

15
O DOCE E O AMARGO   108

16
QUEM AMA ESCUTA   114

17
DESAPEGO   120

18
RESIGNAÇÃO POSITIVA   128

19
CADA FAMÍLIA É ÚNICA   134

20
PROGRAMANDO A TELA MENTAL   140

21
OS INVISÍVEIS **146**

22
A DOENÇA DO CONSUMISMO **154**

23
AS LIÇÕES DO ABACATEIRO **162**

24
NUTRIÇÃO ESPIRITUAL **168**

25
NINGUÉM É OBRIGADO A SER FELIZ **174**

26
VAMOS FAZER UMA *SELFIE*? **180**

27
QUANDO NÃO SE TEM PÁTRIA OU CASA **186**

28
MASCULINIDADE TÓXICA **194**

29
CADA UM COM SEU CADA UM **200**

30
NÃO ESCREVA COM O FÍGADO **206**

31
A FORÇA DO UM **212**

APRESENTAÇÃO

Os ecologistas demonstram que mesmo os seres que nos parecem mais desprezíveis e insignificantes na natureza cumprem uma função estratégica para o equilíbrio do todo.

Os espiritualistas acreditam que nenhum de nós veio ao mundo sem um propósito, uma missão, que deve emprestar sentido à nossa existência. E esse sentido passa pela melhoria de si mesmo e do coletivo em que se está inserido.

Há um padrão que se repete na natureza: tudo parece estar interligado e cada parte do sistema é absolutamente importante.

Traduzindo em miúdos: a construção de um mundo melhor e mais justo passa pela força do um!

A força embutida numa palavra que inspira e transforma quem a ouve.

A força de um pensamento que robustece a alma e nos encoraja a fazer o que entendemos ser importante.

A força de uma ação que te leva a sair da zona de conforto, modificando panoramas e expectativas, marcando positivamente a sua passagem pelo planeta.

Jamais teremos a mais pálida noção da força que cada um de nós possui para transformar a realidade que nos cerca.

A razão deste livro é compartilhar ideias e visões de mundo que possam inspirar reflexões transformadoras.

Se cada um de nós fizer apenas o que está ao nosso alcance, já terá sido um feito e tanto.

Coragem! Estamos aqui exatamente para isso.

1

A ESPERANÇA É
O COMBUSTÍVEL
DA VIDA

Sem esperança, fica difícil levantar-se da cama, seguir para a escola ou para o trabalho, procurar um novo emprego, ou mesmo realizar as tarefas mais triviais do dia a dia. Sem esperança, desenhamos no rosto um sorriso sem credibilidade, e nosso olhar fica fosco. Congelamos a chama do entusiasmo, abortamos projetos que fariam toda a diferença para nossa autoestima, não abrimos espaço para perceber a graça contida nas pequenas coisas cotidianas. Sem esperança, vamos entorpecendo a alma, mergulhando o coração numa substância viscosa que impede seu pulsar mais vibrante.

Precisamos acalentar a esperança. Por vezes, essa parece ser uma questão de vida ou morte. Em momentos difíceis, quando temos todos os motivos do mundo para nos sentirmos acabrunhados, recolhidos, sem ânimo, é muito importante reconhecer que, talvez, não estejamos sendo competentes para perceber que tudo passa, e que não deveríamos nos sentir reféns de uma circunstância, prisioneiros de um momento.

A vida não pode ser resumida a um fotograma, uma imagem congelada no tempo. A vida é um filme, uma sucessão de fotogramas que se desdobram em inúmeros momentos, revelando sempre novas possibilidades. Acalentar a esperança significa reconhecer que a vida é um eterno devir e que tudo pode acontecer. O momento agora, se lhe é hostil, daqui a pouco, provavelmente, não mais o será. E se o fator que determinou essa tristeza permanece, a sua forma de lidar com isso, certamente, não será a mesma, porque também oscilamos humores e estados de espírito para enfrentar as mais diversas situações.

Há aqueles que vão buscar na fé o nutriente da esperança. Pode ser a fé religiosa, pode ser alguma crença numa força superior, na capacidade de a natureza abrir caminhos e descortinar horizontes que, no momento, não estamos conseguindo acessar. Tudo isso é válido. Contudo, mesmo quando não estamos identificados com a fé, quando não temos essa clareza da transcendência ou da espiritualidade, daquilo que não pertence ao universo sensorial, há outras formas de acalentar a esperança.

Pode-se investir na graça das pequenas coisas: boas leituras, boas músicas, boas companhias, passeios instigantes, paisagens inspiradoras. Tudo isso é proveitoso para a nossa saúde psíquica, emocional e espiritual. Por vezes nos surpreendemos com o impacto positivo de pequenos gestos que, literalmente, nos põem para cima.

A esperança é como uma plantinha frágil, que demanda os cuidados diários de um jardineiro fiel. Cuide bem dela!

Sem esperança, vamos entorpecendo a alma. Precisamos acalentar a esperança, reconhecer que a vida é um eterno devir e tudo pode acontecer. A esperança demanda os cuidados diários de um jardineiro fiel. Cuide bem dela!

REINVENTANDO-SE

A expressão da moda é "estou me reinventando" ou "ele/ela se reinventou". Adoro novas expressões idiomáticas – invariavelmente criativas – e a própria língua, que é viva e dinâmica, reinventa-se o tempo todo.

    O fato é que é muito difícil se reinventar. Somos apegados às rotinas, gostamos da previsibilidade, da estabilidade, de saber o que vai acontecer pela frente. Tudo isso é compreensível, mas esse sentimento afronta a natureza das coisas. Vida é movimento incessante, que se manifesta em todas as suas resoluções. Estamos imersos em um universo onde nada é estático, tudo é dinâmico e nos convida constantemente à ação.

    É como se tudo conspirasse em favor de sucessivas mudanças. Mesmo quando nos sentimos muito bem resolvidos no dia a dia, o estímulo para a mudança pode vir de dentro para fora sem uma causa aparente. Uma sensação de angústia, um desconforto inusitado podem ser indicadores de um desejo profundo da nossa alma de realizar algo mais. Essa inquietude tem suas próprias diretrizes e costuma ser a parte mais genuína e sincera de nós mesmos. Alguns chamam isso de consciência. Convém prestar atenção nessa voz que vem de dentro.

Esse convite à mudança também pode vir de circunstâncias externas, como o desemprego, perda da saúde, perda de um ente querido, desilusão amorosa. Normalmente nos vitimizamos, nos julgamos abandonados por Deus ou atingidos por uma maré de azar. Dificilmente entendemos essas situações hostis como oportunidades oferecidas pelo destino para mudarmos o traçado de nossas vidas em direções que jamais escolheríamos se não fosse o infortúnio.

Muitas biografias de pessoas famosas trazem preciosos registros da gratidão, por parte dos biografados, por momentos extremamente difíceis, sem os quais jamais teriam tomado as decisões que lhes permitiram a vivência de momentos gloriosos de suas existências.

Quem perde o emprego tem a chance de se reinventar profissionalmente e, não raro, descobre no novo ofício (eventualmente na informalidade) uma vocação genuína, que lhe permite desenvolver criativamente novas habilidades que lhe garantem o sustento de forma prazerosa.

A desilusão amorosa pode propiciar uma saudável reflexão sobre o que teria determinado o fim do relacionamento e, no momento oportuno, a clareza sobre que tipo de pessoa você gostaria de ter por perto.

O importante é perceber como essas ocorrências são frequentes e, se bem assimiladas, fundamentais para nosso crescimento pessoal. No momento certo, apaziguado consigo próprio e com o seu destino, elas nos preparam o coração para uma nova experiência sem ansiedade.

A perda dos entes queridos é uma experiência devastadora. Num primeiro momento, não conseguimos vislumbrar a vida sem essa pessoa, fica um buraco no peito, precisamos de um tempo para nos refazer. É o momento do luto, que varia de pessoa para pessoa. Curiosamente, a morte física é o fenômeno mais previsível e certo que existe. Enquanto evitarmos conversar sobre o assunto, ou continuarmos negligenciando aos nossos filhos uma educação que trate da morte como algo inerente à própria vida, a carga extra de sofrimento prosseguirá.

A morte, porém, também nos empurra à direção da mudança. Somos obrigados a ressignificar a vida sem a presença daquele que partiu. Isso serve de teste para nossa autonomia e resiliência. A perda da saúde é algo que ninguém deseja. Mas se isso acontece conosco, temos a chance de entender o desconforto de um corpo acometido de alguma patologia ou limitação como um exercício de superação física, mental, emocional e psicológica. Não que precisemos da doença para realizar esse movimento, mas um corpo doente constitui, em si mesmo, um desafio constante. Melhor encarar a situação e aprender com ela. Todas as pessoas que tiveram essa postura diante de uma enfermidade saíram dessa experiência mais fortalecidas, confiantes e preparadas para lidar com situações adversas.

Tudo conspira em favor da vida. Mesmo quando nos sentimos apequenados, desalentados, desanimados, prostrados, há embutido nessas experiências um convite à luz, à regeneração, à reconfiguração do nosso "*software*" existencial. Tudo o que acontecerá pela frente valerá a pena. A dor e o sofrimento podem ser pedagógicos. Reinvente-se!

Tudo conspira em favor da vida. Mesmo quando nos sentimos apequenados, desalentados, desanimados, prostrados, há embutido nessas experiências

um convite à luz, à regeneração,
à reconfiguração do nosso
"*software*" existencial.
Tudo o que acontecerá pela frente
valerá a pena. Reinvente-se!

3

VIVA FERNÃO
CAPELO GAIVOTA!

Um dos livros mais importantes da minha vida, que marcou a minha geração e me tocou profundamente a alma, chama-se *Fernão Capelo Gaivota*, do escritor norte-americano Richard Bach.

Ainda menino, quando fiz a minha primeira comunhão – eu fui católico na infância –, ganhei de presente do meu pai a trilha sonora em vinil desse filme com uma dedicatória linda, estimulando-me a "ser" Fernão Capelo. Foi uma convocação espiritual. Eu guardo esse disco até hoje e me emociono ao reler essa dedicatória escrita na capa com tanto amor. O sentido espiritual da mensagem ficou eternizado na minha mente.

Fernão Capelo era uma gaivota que ousava fazer voos rasantes, testava o limite da altura a que uma gaivota conseguia chegar, fazia voos em parafuso, descidas arriscadas.

Às vezes se machucava; outras, esborrachava-se na água. E fazia isso pelo ímpeto de se conhecer: ele queria saber o que significava exatamente "ser uma gaivota". Ao agir assim, atendia ao apelo do seu coração.

O curioso é que ele incomodava muito o grupo de gaivotas a que pertencia por causa desse comportamento "anormal". Ninguém o compreendia. Fernão não seguia o padrão esperado para uma gaivota e, por isso, era alvo de preconceito e perseguições. Ele incomodava tanto, que acabou sendo banido do grupo. É o momento mais triste da história, porque ele não desejava isso.

Entretanto, Fernão manteve-se fiel aos seus princípios, não se acovardou nem hesitou. Ele persistiu na realização de um projeto que o mobilizava inteiramente. Ele precisava fazer aquilo, era o que o seu coração determinava, apesar de todos os riscos e sofrimentos.

É muito importante, nos dias de hoje, inspirarmo-nos no exemplo de Fernão Capelo Gaivota, no sentido de não nos acomodarmos, não ficarmos refugiados na zona de conforto, amparados pela rotina, saciados na calma do mar morto. Porque há pessoas que não vivem, elas apenas existem. Isso acontece quando seguimos caminhos que não são os nossos, quando não ouvimos o nosso coração, quando deixamos de dar vazão ao propósito que Richard Bach, nessa e em outras obras, procura sinalizar. É dele a autoria desta frase muito inspiradora:

> *A humanidade não é uma descrição física, mas uma meta espiritual. Não é algo que nos seja dado, mas algo que conquistamos.*

Um dos propósitos mais nobres da vida é aprender tudo o que for possível, com entusiasmo e alegria. Precisamos estar abertos para isso, sem nos preocupar tanto com a opinião dos outros e sem nos pautar pelas expectativas alheias. Ser Fernão Capelo Gaivota é ter a coragem de ser quem se é. Bom voo!

Um dos propósitos mais nobres da vida é aprender tudo o que for possível, com entusiasmo e alegria. Precisamos estar abertos para isso, sem nos preocupar tanto com a opinião dos outros e sem nos pautar pelas expectativas alheias. Ser Fernão Capelo Gaivota é ter a coragem de ser quem se é. Bom voo!

4

SANEANDO
A PRÓPRIA
PSICOSFERA

Todos os seres dos diferentes reinos da natureza vibram numa determinada frequência e emanam uma energia. Essa vibração define a qualidade do campo eletromagnético de cada criatura. Isso vale para os vegetais, para os animais e para a espécie humana.

Uma boa palavra que define o que é esse campo eletromagnético é *psicosfera*, usada mais entre os espíritas. A psicosfera seria a expressão energética de cada ser manifestada por sua cor, luminosidade, textura e odor, que só seriam perceptíveis no plano astral. Todos esses ingredientes seriam determinados pela intensidade dos nossos pensamentos e pela frequência dos nossos sentimentos. Aquilo que somos essencialmente define a qualidade da nossa psicosfera.

Os estudiosos desse tema alertam para o fato de que

nossos campos eletromagnéticos interagem entre si, e a soma dessas psicosferas define a qualidade dos ambientes onde transitamos.

Há uma linda mensagem do Espírito Emmanuel, psicografada por Chico Xavier, no livro *Fonte viva*, inspirada em um trecho da carta de Paulo aos coríntios, que diz: "Não sabeis que um pouco de fermento leveda a massa toda?". Emmanuel lembra que todos nós nos achamos magneticamente associados uns aos outros e que tudo que fazemos, pensamos ou sentimos interfere na qualidade energética do ambiente em que transitamos.

Muitos de nós, espíritas ou não, percebemos com clareza quando um ambiente está pesado, carregado. Isto também acontece quando nos sentimos leves, agradavelmente acolhidos em um lugar, sem saber ao certo explicar por quê. O fato é que também somos responsáveis pelos fatores que geram conforto ou desconforto à nossa volta.

Podemos e devemos fazer a diferença, acautelando-nos, procurando nos resguardar de um arrastão vibratório que não nos convém, que depreda as nossas imunidades psíquicas e que pode determinar até impactos importantes sobre nossa saúde e resiliência.

Aqueles que se dizem pessoas de fé, que professam alguma religião ou simplesmente acreditam num Deus, sem vinculação a qualquer corrente espiritualista, sabem que o recurso da oração é precioso. Inúmeros estudos confirmam – especialmente nas universidades brasileiras e estrangeiras que já promovem o estudo de saúde e espiritualidade – como a prece interfere positivamente na recuperação de doenças ou morbidades.

Os que praticam alguma técnica de meditação também possuem preciosos recursos para serenar os ânimos, alterar o batimento cardíaco, regular a pressão arterial e alcançar estados de vitalidade e saúde. De uma forma ou de outra, há uma avalanche de estudos confirmando a capacidade de mobilizarmos, pela ação da vontade, recursos terapêuticos em nosso favor. Se nos sentimos melhor, os outros à nossa volta se beneficiam disso, e essa espiral de positividade se espraia longe.

Quanto mais turbulento for o momento, quanto mais tensa for a correria do dia a dia, mais importante se torna a trégua (por breves instantes que sejam) na direção dessa imersão em si mesmo. Quem busca o próprio equilíbrio e se esforça para alcançá-lo irradia uma vibração amorosa e acolhedora que interage com as psicosferas à sua volta. Todos podemos contribuir para um ambiente menos tenso, mais harmônico e pacífico. Façamos a nossa parte.

Aquilo que somos essencialmente define a qualidade da nossa psicosfera. Quem busca o próprio equilíbrio e se esforça para alcançá-lo irradia uma vibração amorosa e acolhedora que interage com as psicosferas à sua volta. Todos podemos contribuir para um ambiente menos tenso, mais harmônico e pacífico. Façamos a nossa parte.

5

PUXANDO O EXTRATO

Um dos mais reverenciados teólogos do cristianismo, Santo Agostinho deixou eternizada uma lição de sabedoria cada vez mais útil nos dias de hoje. Recomendava que, ao final de cada dia, deveríamos recordar tudo o que nos aconteceu, desde que nos levantamos da cama, e recapitular o que fizemos de bom ou de ruim. De forma imparcial, deveríamos refletir em que acertamos, em que erramos, em que momento nos omitimos, se fomos úteis ou não. Nesse *flashback*, resgataríamos não só o que fizemos, mas também o que pensamos e sentimos.

O objetivo desse exercício não é exaltar o orgulho nem devastar o amor próprio. Agostinho propunha uma reflexão sadia, com um viés positivo. A ideia era olhar para trás e ter a coragem de reconhecer onde algo não foi bem para evitar novos erros. Da mesma forma, usufruir do prazer de ter feito algo útil para você ou para alguém, do sabor de uma conquista pessoal e fortalecer esse contentamento que o torna uma pessoa melhor.

Há quem faça esse exercício no dia do aniversário ou na virada do ano. São momentos especiais em que nos damos conta da passagem do tempo e do que estamos fazendo de nossas vidas. De minha parte, tenho "rituais" específicos nessas duas datas. No aniversário, exatamente na hora em que eu nasci, endereço vibrações de gratidão para cada um dos meus parentes (sempre começando pelos mais velhos, eventualmente já desencarnados), e para todas as pessoas especiais que fizeram ou continuam fazendo a diferença na minha vida.

Faço do aniversário a data da gratidão mais ampla possível a todos os que permitiram minha vinda ao mundo, e me encorajam a seguir em frente nessa jornada. Os agradecimentos, na verdade, são diários. Mas a gratidão plena, exaltada de forma ritualística (dentro daquilo que estabeleci comigo mesmo como algo repleto de significado e espiritualidade), somente nos aniversários.

Na passagem de ano, o exercício é mais pragmático. Pego uma folha de papel ofício e a divido ao meio, numa reta vertical desenhada com a caneta. Numa metade, enumero as coisas que deram certo, momentos felizes, metas alcançadas. Na outra, tudo o que eu preferiria esquecer: fracassos, gafes, situações chatas de uma maneira geral. Faço tudo em tópicos e depois leio as duas colunas. É o balanço do ano. Confesso que sou tendencioso – ou autocomplacente – e nunca deixo de concluir que, de uma maneira ou de outra, foi um ano bom.

Na verdade, sou daqueles que acreditam que, mesmo nos momentos de crise – ou principalmente nesses momentos –, o que nos machuca também nos fortalece. Escrever me ajuda a vivenciar de novo esses momentos e ressignificá-los. É como dobrar uma roupa antes de guardá-la na mala. Melhor arrumar antes de seguir viagem.

Somos todos aprendizes na vida e toda experiência tem o seu valor. A dor ensina, o sofrimento é pedagógico. Ter a coragem de rever nossas vidas (e as datas importantes são um ótimo pretexto para isso) ajuda muito. Valei-me, Santo Agostinho! Gratidão!

Devemos recordar tudo o que nos aconteceu e recapitular o que fizemos de bom ou de ruim. De forma imparcial, devemos refletir em que acertamos, em que erramos, em que momento nos omitimos, se fomos úteis ou não. Somos todos aprendizes na vida e toda experiência tem o seu valor. A dor ensina, o sofrimento é pedagógico.

CONVERSANDO É QUE A GENTE SE ENTENDE

Boa parte das crises de relacionamento, em diferentes setores da vida e da sociedade, tem origem exatamente no fracasso do diálogo, na indisponibilidade para uma conversa, na intolerância e na impaciência, que prejudicam a nossa comunicação.

As crises políticas surgem frequentemente de visões sectárias e radicalizadas que asfixiam qualquer tentativa de entendimento. Política é a arte do diálogo, e a negociação programática faz parte do sistema de representação. Se uma determinada questão, eventualmente polêmica, determina um racha entre os políticos, a solução virá pelo voto: a maioria leva, e quem perdeu haverá de articular-se melhor numa outra oportunidade, visando a um melhor desempenho.

As leis que definem o sistema de pesos e contrapesos da democracia, assegurando a harmonia possível entre os poderes, se não são perfeitas, ganham de sobra dos regimes totalitários. Ditadores ou governantes com perfil autoritário não gostam de dialogar com quem pensa diferente, e impõem suas regras e visões de mundo de forma arrogante e prepotente. Esse perfil de governante não se coaduna com princípios do século XXI, em que a pluralidade, a representatividade e a transparência são consideradas valores essenciais.

A cultura do diálogo, que lubrifica as engrenagens da democracia, oxigena as relações interpessoais, especialmente no casamento. A intimidade de um casal é construída a partir da confiança que vem da troca, do compartilhamento, do fluxo de informações que permeia uma história de amor. Quando um casal perde o hábito de conversar, ou manifesta desinteresse crescente em saber um como vai a vida do outro, a saúde da relação está ameaçada.

O fracasso do diálogo entre pais e filhos tem justificado boa parte dos problemas enfrentados por meninos e meninas que se ressentem dessa ausência de atenção, afeto, carinho, disponibilidade. Depressão, automutilação e uso de drogas são comumente associados à sensação de abandono ou descaso dos filhos em relação aos pais ou responsáveis.

Não basta estar fisicamente junto, ou contar no relógio o tempo ao lado dos filhos. Estamos falando de algo que extrapola as conveniências (ou "famílias de fachada") e invade o espaço aéreo do coração, da sinceridade de propósito, do amor explícito e incondicional que deveria inspirar as relações entre pais e filhos.

Quem é avesso ao diálogo abre caminho para a solidão. E solidão não significa estar fisicamente sozinho. Há pessoas que vivem sozinhas e se sentem muito bem assim. Há também aquelas que moram em uma casa cheia de gente, estão sempre acompanhadas de colegas de trabalho, mas se sentem terrivelmente solitárias. Por vezes, isso acontece porque a pessoa não consegue se sentir à vontade para conversar, trocar ideias, desabafar. Ninguém por perto lhe inspira confiança ou a saudável sensação de acolhimento. Importante perceber quando isso acontece e procurar ajuda. Somos seres sociais, precisamos uns dos outros, e essa necessidade passa pelo diálogo.

É importante promover ambientes nos quais a solidariedade, a parceria e a cumplicidade sejam determinantes para a qualidade de vida do grupo. Que isso seja prazeroso, saudável e determine o bem-estar das pessoas. Isso não é apenas possível. É absolutamente necessário.

A cultura do diálogo oxigena as relações interpessoais. Quem é avesso ao diálogo abre caminho para a solidão. Somos seres sociais, precisamos uns dos outros, e essa necessidade passa pelo diálogo.

SERÁ SURPRESA?

Há certas situações na vida que parecem surpreendentes, inesperadas, que acontecem "de repente". Em boa parte dos casos, porém, o que nos causa surpresa tem por trás uma sucessão de eventos encadeados que não deveria justificar essa reação. É o que ocorre com frequência, por exemplo, nos casamentos desfeitos. Uma relação amorosa não se esgarça de uma hora para outra. O arrefecimento do desejo tem uma ou mais causas prováveis, que são do conhecimento de, pelo menos, uma das partes. É um processo que se desenrola de forma mais ou menos rápida, mas nunca subitamente, como uma explosão repentina.

Isso vale para o fim de um casamento ou para estados mórbidos de saúde. Muita gente que tem vida sedentária, sono irregular e alimentação errática ainda se reserva o direito de levar um susto quando descobre que tem diabetes, pressão alta, entupimento das artérias ou outro problema qualquer. Quem não se cuida abre caminho para "surpresas" desagradáveis.

Na área da engenharia, sabe-se que toda catástrofe é precedida de uma cadeia de eventos que remetem a falhas humanas ou de ordem material. Um avião que caiu, uma ponte que ruiu, um prédio que desabou, uma usina nuclear que teve um vazamento radioativo, uma barragem de rejeitos de mineração que se rompeu... Invariavelmente, uma situação dessas não tem uma causa única: existe uma soma de fatores que são identificados ao longo da investigação. Irresponsabilidade, imperícia, omissão, leniência, entre outros fatores, costumam ser associados a vários gêneros de tragédias.

O aquecimento global, seguramente o maior problema ambiental do século XXI, tem causado alterações importantes no comportamento usual do clima. Eventos extremos, como tempestades mais violentas (furacões, tufões, tornados etc.), períodos de seca e de chuva mais severos, nevascas e ondas de calor recordes, já estariam determinando o aparecimento de um novo padrão climático. Isso significa que chuvas muito acima da média, no Brasil, já seriam o "novo normal", assim como os terríveis incêndios florestais na Califórnia (EUA) ou as sucessivas ondas de calor extremo nos países europeus. Para quem vem acompanhando o debate climático nos últimos 30 anos, nada disso seria surpresa.

Em diferentes situações da vida, boa parte das surpresas não deveria ser chamada assim. Especialmente para os que cultivam a fé e se sentem amparados por uma força superior que estabelece a ordem no caos. Ressignificar os eventos que acontecem em nossas vidas, à luz desse entendimento, não atribuindo ao acaso (ou às surpresas) o que nos acontece é um exercício de espiritualidade e transcendência. De qualquer maneira, o susto pode ser a culminância de uma história que passou despercebida ou foi deliberadamente ignorada. Melhor ficar ligado!

Em diferentes situações da vida, boa parte das surpresas não deveria ser chamada assim. O susto pode ser a culminância de uma história que passou despercebida, ou foi deliberadamente ignorada. Melhor ficar ligado!

CONFIANÇA
NA VIDA

Não importa o tamanho do problema que o aflige neste momento, da dor e do sofrimento que oprimem o seu peito, que estilhaçam o seu coração.

Não importa se o momento é de desesperança, desânimo, frustração, desalento profundo, incompreensão.

Não importa se há um grave problema financeiro, orçamento quebrado, dívida, desemprego.

Não importa se a saúde está debilitada, se você recebeu um diagnóstico duro e difícil de um mal que o atinge e que levará tempo para se resolver ou para o qual não há perspectiva de solução.

Seja qual for a situação que enfrenta, lembre-se de que todos dispomos de recursos preciosos – que costumamos ignorar – para lidar com os problemas mais difíceis e dar a volta por cima.

Lembra-se de quantas vezes você se surpreendeu com a própria capacidade de resolver algum problema aparentemente insolúvel no passado? Ou da forma como alguém próximo lidou com algo extremamente difícil, e que isso lhe chamou a atenção?

Somos mais fortes e resilientes do que imaginamos. E não estamos sozinhos nessa luta.

Todos nós, indistintamente, sofremos e enfrentamos todos os dias algum gênero de problema ou dificuldade em diferentes ordens de grandeza.

Todos nós, sem exceção, deparamo-nos, em diferentes momentos da vida, com situações em que duvidamos de nós mesmos e da nossa capacidade de superação.

Mesmo aqueles que se dizem pessoas de fé, por vezes se ressentem da falta de Deus ou de um anjo da guarda num determinado momento de angústia, de ansiedade e de aflição.

Tudo isso acontece porque somos humanos. Quando experimentamos uma situação complicada, é natural que surjam o ressentimento, a hesitação e que tenhamos dificuldades para saber imediatamente o que deve ser feito.

Se isso estiver acontecendo com você agora, permita-se um tempo para o refazimento. Evite tomar decisões apressadas ou impensadas. Isso faz toda a diferença.

A impulsividade nunca foi uma boa aliada. Aguarde o melhor momento para decidir o que fazer e de que jeito. Procure alguém de confiança que possa escutá-lo. O desabafo opera milagres quando temos a chance de descomprimir o coração.

Não é feio nem humilhante pedir ajuda. Estamos todos no mesmo barco; quem hoje está em condição de ajudar, amanhã provavelmente haverá de solicitar a alguém algum tipo de apoio. Nenhum de nós é autossuficiente, nem deveria se imaginar imune a situações desesperadoras.

Guarde a sua aflição e a sua ansiedade na linha do tempo. Acredite, daqui a pouco a sua percepção do problema muda. Ainda que não seja possível resolvê-lo totalmente, você terá ao seu alcance novos e preciosos recursos íntimos para lidar com ele.

Espere, porque precipitar o fim da jornada nunca significou alívio ou solução para quem buscou aí uma saída. Aguarde o amanhecer. Ele trará certamente novas respostas, novas energias para seguir em frente. Viver é a melhor opção!

Não importa o tamanho do problema que o aflige neste momento. Espere, porque precipitar o fim da jornada nunca significou alívio ou solução para quem buscou aí uma saída. Aguarde o amanhecer. Ele trará certamente novas respostas, novas energias para seguir em frente. Viver é a melhor opção!

MINHA ENTREVISTA
COM DALAI LAMA

Tive a honra de entrevistar, anos atrás, o líder supremo do budismo tibetano, Sua Santidade o Dalai Lama. Em uma de suas viagens pelo Brasil, quando esteve em São Paulo, agendamos o encontro no hotel em que ele estava hospedado. Viajei para a capital paulista, onde encontrei a equipe de TV que seguiu comigo até o local acertado. Lá chegando, preparamos os equipamentos e ficamos a postos para a entrevista. Ficou combinado que, assim que terminasse o primeiro compromisso do dia, Dalai Lama faria a gravação conosco.

Esperamos por uma hora e meia, e durante esse tempo os membros da equipe puderam se conhecer melhor. Lá estávamos eu (espírita), o cinegrafista (católico), o operador de áudio (evangélico) e o motorista (agnóstico). Conversamos sobre vários assuntos, mas principalmente sobre a figura interessante do nosso entrevistado. Todos já ouvíramos falar do Dalai Lama e cada um guardava alguma impressão sobre ele. À medida que o tempo passava, aumentava a nossa expectativa.

Quando ele entrou no imenso salão reservado para a entrevista, percebemos todos – e rapidamente – seu imenso magnetismo. Deixou seu numeroso séquito de acompanhantes para trás e se deslocou até nós com o sorriso aberto. Antes de nos cumprimentarmos, ele colocou em volta do meu pescoço aquele lenço branco (*kathag*) com que os budistas costumam presentear os visitantes no Tibete. Nós nos sentamos no *set* montado para a filmagem e, após a checagem dos microfones e ajustes de luz, demos início a uma entrevista que não poderia ultrapassar os 40 minutos. Foi uma emoção especial conversar com alguém reconhecidamente importante na construção da cultura de paz em todo o mundo.

Expulso de seu país pelos chineses, hostilizado pelo governo de Pequim, mesmo após sucessivos relatos de violência contra seu povo (assassinatos, perseguições, censura, depredação de templos, banimento das tradições e costumes dos tibetanos), Dalai Lama é a imagem da serenidade e da tolerância. Sempre orientou seus seguidores a não responderem à violência com violência. Nas respostas que deu a mim, expressava muita preocupação com a situação no Tibete e de seus conterrâneos, sem renunciar aos apelos em favor do diálogo e do entendimento entre os povos. Vez por outra – como costuma fazer –, soltava uma gargalhada espontânea quando o assunto permitia.

Encerrada a entrevista, cumprimentamo-nos novamente; ele saudou cada um de nós e deixou rapidamente o recinto porque já estava atrasado para o próximo compromisso. Sobreveio um longo silêncio entre nós enquanto arrumávamos os equipamentos para retornar à emissora. Não era falta de assunto. Estávamos, na verdade, inebriados com o magnetismo desse homem. Todos os quatro, com diferentes visões de mundo e correntes de fé, registramos essa força emanada por um homem idoso, de estatura pequena, mas com predicados difíceis de descrever em palavras.

Foi, de fato, uma experiência sensorial. Lembrei-me do relato dos evangelistas sobre a forte impressão causada pela passagem de Jesus nas comunidades que visitava. Era algo acachapante, constrangedor, que impressionava os sentidos e determinava um impacto em quem cruzava os caminhos do mestre. Pessoas realmente iluminadas (Jesus à frente) vibram de forma tão diferenciada e consistente que registramos, de algum modo, essa irradiação positiva. Se um raro encontro com alguém assim um dia acontecer com você, aproveite-o ao máximo. Será uma experiência transformadora.

Pessoas realmente iluminadas (Jesus à frente) vibram de forma tão diferenciada e consistente que registramos, de algum modo, essa irradiação positiva.

Se um raro encontro com alguém assim um dia acontecer com você, aproveite-o ao máximo. Será uma experiência transformadora.

10

A IMPORTÂNCIA DA PAUSA

Virou moda se queixar da vida agitada, do mundo corrido e atribulado, do ritmo frenético da internet. Difícil é reconhecer que isso nos serve de desculpa para algo de que não estamos conseguindo dar conta ou prestar a devida atenção em nossas vidas. Participamos dessa corrida frenética sem perceber – em boa parte dos casos – os custos metabólico, emocional e psíquico dessa maratona que nos exaure.

Quando falamos da correria do mundo, estamos falando da *nossa própria* correria. Sou um trabalhador compulsivo e tenho a consciência de que enfrento uma rotina que eu mesmo escolhi, com múltiplas tarefas, demandas, compromissos. É duro, mas não posso colocar a culpa em ninguém.

Essa rotina atribulada me motiva, devo confessar, mas tem o seu preço. Tenho imensa dificuldade para desacelerar, estabelecer o justo recesso, a benfazeja pausa que permita a reconfiguração do meu "*software*". Mas é óbvio que, para seguirmos em frente com qualidade de vida, cumprindo o que precisamos fazer com o devido discernimento, serenidade e equilíbrio, é necessário dar uma trégua na nossa atribulada rotina.

Esse momento é, inclusive, prescrito por diferentes tradições religiosas. Na *Bíblia*, a pausa é entendida como um princípio sagrado, visto que o próprio Deus teria descansado após a criação do mundo. Se, para os católicos, o dia tradicional do descanso é o domingo, no judaísmo, o sábado é o dia do não movimento. Já os muçulmanos consagram a Deus a sexta-feira, e nos países em que essa religião predomina, esse é o dia de descanso semanal (é o dia da semana em que Adão foi criado por Alá).

A prece também funciona como um refrigério, um bálsamo para os que sofrem com a correria desvairada da vida moderna. Estudos desenvolvidos por diversas universidades no mundo sobre as relações entre saúde e espiritualidade (no Brasil, a Universidade de São Paulo, a Universidade Federal Fluminense e a Universidade Federal de Juiz de Fora são algumas das instituições que realizam esse trabalho) confirmam o poder da prece para determinar alterações positivas no metabolismo daqueles que estão em sofrimento.

Eu tive o prazer de conhecer o professor Hermógenes, introdutor da *hatha yoga* no Brasil. Ele costumava dizer que deveríamos aprender com os animais selvagens como descansar. Segundo ele, os bichos agem em perfeita sintonia com a natureza, dormem ou cochilam sempre que isso lhes pareça absolutamente necessário. Se a nossa vida não permite que façamos como os animais, é indiscutível que há momentos em que precisamos realmente desligar os circuitos. Quando respeitamos isso, permitimos que as nossas glândulas secretem hormônios fundamentais à nossa saúde, que os órgãos se reconstituam, que as células se renovem. Descansar também é fundamental para nosso equilíbrio emocional.

Cabe lembrar que, em vários países, a *siesta* (o descanso após o almoço) é uma tradição. E, não por acaso, cresce em todo o mundo o número de empresas que providenciam salas de preguiça ou descanso. Está cansado? Deite, relaxe e tire um cochilo. Sem culpa. E não estranhe se a produtividade aumentar. Mentes serenas e tranquilas produzem mais. Esse é o princípio do ócio criativo, do entendimento de que desacelerar o ritmo pode levá-lo mais longe, de forma segura e confortável.

Façamos isso pelo bom senso, pela nossa saúde e bem-estar. Façamos isso pela saúde dos nossos relacionamentos, das pessoas próximas que, com muita razão, reclamam que nós não estamos dispensando o devido tempo para elas. É possível fazer diferente. Quem conseguiu, não se arrependeu.

Para seguirmos em frente com qualidade de vida, cumprindo o que precisamos fazer com o devido discernimento, serenidade e equilíbrio, é necessário dar uma trégua na nossa atribulada rotina.

Desacelerar o ritmo pode levar-nos mais longe, de forma segura e confortável. Façamos isso pelo bom senso, pela nossa saúde e bem-estar.

11

OS TERREMOTOS
DE CADA DIA

A partida entre as seleções do México e da Alemanha, na Copa do Mundo da Rússia, em 2018, virou notícia em todo o planeta. Menos pelo resultado do jogo (os mexicanos derrotaram os campeões do mundo por 1 a 0) do que pelo abalo sísmico causado pelo gol do México. Não é força de expressão: no momento do gol houve, literalmente, um terremoto de pequenas proporções registrado pelo instituto oficial de sismologia daquele país. O tremor também foi registrado pelo órgão competente que mede terremotos no Chile. Não deixa de ser engraçado imaginar que o pula-pula frenético dos mexicanos tenha determinado esse fenômeno. De qualquer maneira, foi a primeira vez na história que um gol tem essa consequência cientifi-camente medida. Olé!

Essa notícia me inspirou a pensar em outros gêneros de "terremoto" que não movimentam propriamente a terra, mas a "energia" do planeta. Para esses abalos sísmicos não existem medições de institutos especializados, mas nem por isso é difícil perceber o seu alcance.

As datas referenciais que movimentam os seguidores de diferentes tradições espirituais ou religiões têm esse poder. Cristãos, muçulmanos, budistas, judeus, hinduístas, taoistas e outros se mobilizam ciclicamente, sempre em dias específicos do calendário, para realizar, sincronicamen-te, movimentos importantes no território da fé. Essas datas determinam mudanças no padrão de pensamento de muita gente, elevando a predisposição de se fazer algo melhor, de ser alguém melhor.

Se fosse possível medir os efeitos "energéticos" das celebrações de Natal para os cristãos, do Ramadã para os islâmicos, do Yon Kippur para os judeus, entre outras ma-nifestações, certamente registraríamos algo equivalente a um abalo sísmico, em outra resolução. A vibração da Terra muda, percebe-se algo diferente pela profusão de pensa-mentos mais elevados, de sentimentos mais generosos.

Outro exemplo de abalo no campo das vibrações coletivas – este bastante doloroso – se dá a partir dos 800 mil óbitos anuais por suicídio, o que dá uma média de 2,2 mil casos confirmados de autoextermínio por dia. Considerando que cada uma dessas mortes abala profundamente um grupo de aproximadamente seis pessoas mais próximas do suicida, temos uma expressão numérica importante de reverberação de dor. Isso sem contar os 16 milhões de tentativas de suicídio anuais estimadas pela Organização Mundial da Saúde. Esse sofrimento agudo que fomenta a ideação suicida está presente e interage com outras torrentes "energéticas" que se espraiam mundo afora.

Em dezembro de 2004, quando um *tsunami* no Oceano Índico ceifou mais de 230 mil vidas em várias partes daquela região do planeta (especialmente na Indonésia), o mundo respondeu com uma onda de solidariedade jamais vista. A própria Cruz Vermelha Internacional – que recebeu boa parte dos recursos financeiros e materiais destinados aos sobreviventes da tragédia – declarou oficialmente que nunca tantas pessoas haviam se solidarizado de forma tão ostensiva em favor do próximo quanto naquela oportunidade. Um abalo sísmico de luz!

Cada pensamento, cada sentimento, cada atitude reverberam e alcançam todos aqueles que estão à nossa volta. Nenhum de nós está encapsulado em si mesmo, e quanto mais positiva for a nossa atitude, quanto mais inspirado for o nosso sentimento, quanto mais evoluído for o nosso pensamento, mais luminoso será o resultado disso. Promova o seu terremoto diário, reverbere essa onda. O mundo precisa de muitos gols intensamente celebrados nessa direção.

Cada pensamento, cada sentimento, cada atitude reverberam e alcançam todos aqueles que estão à nossa volta.

Quanto mais positiva for a nossa atitude, quanto mais inspirado for o nosso sentimento, quanto mais evoluído for o nosso pensamento, mais luminoso será o resultado disso. Promova o seu terremoto diário, reverbere essa onda.

12

CURSO DE FELICIDADE

A Universidade de Brasília lançou, em agosto de 2018, o primeiro curso de felicidade oferecido por uma instituição acadêmica em nosso país. O doutor em psicologia responsável pela disciplina diz que o curso foi inspirado em experiências semelhantes oferecidas por universidades prestigiadas, como Yale e Harvard, e que o principal objetivo é disponibilizar aos estudantes da UnB melhores condições para lidar com situações estressantes que podem causar depressão.

O lugar do curso foi escolhido a dedo. É aquele que concentra o maior número de estudantes que vieram de outros lugares do Brasil e estariam enfrentando dificuldades de adaptação, especialmente os do curso de engenharia, que tem uma carga horária intensa com muitas exigências de estudo e dedicação. Parte dessa garotada que deixou para trás parentes e amigos estaria mais vulnerável a episódios de depressão, sem o devido acolhimento e assistência. Segundo o professor do curso de felicidade, a iniciativa pretende ajudar os estudantes a lidarem melhor com situações estressantes, promovendo o autoconhecimento e a integração do grupo.

Será que é possível ser feliz a partir de um curso oferecido numa instituição acadêmica? A busca pela felicidade é absolutamente legítima, e tão antiga quanto a própria humanidade. Uma profusão de obras literárias, filmes, peças de teatro, músicas, pinturas e mitos aborda essa justa demanda de nós todos. Mas, afinal de contas, onde está essa felicidade?

O ditado popular diz que "a felicidade está nas pequenas coisas", como se a melhor estratégia fosse não a condicionar a grandes feitos ou situações especiais. Guimarães Rosa escreveu que "felicidade se acha é em horinhas de descuido", quando estamos distraídos, dispersos, relaxados. Há também quem diga que a "felicidade é um estado de espírito", o que remete ao cuidado de valorizarmos ao máximo os raros momentos em que nos sentimos realmente felizes. André Luiz compara esse sentimento com a sensação de dever cumprido ou ausência de qualquer culpa ou remorso: "felicidade é o outro nome da consciência tranquila".

Acho interessante quando a definição de felicidade se confunde com a de paz. Isso seria possível quando não nos deslumbramos excessivamente nos momentos felizes que temos o privilégio de experimentar, assim como não afundamos no atoleiro existencial quando experimentamos situações infelizes. Uma vida equilibrada e serena resume, para mim, a felicidade possível.

Se tudo é passageiro, que eu saiba navegar pela vida aproveitando ao máximo os momentos que ela oferece, bons ou ruins. Nenhum deles é contra mim, todos fazem parte da existência e nos ajudam a sermos pessoas melhores. É feliz aquele que entende o sentido da vida e dela desfruta com a alegria e a resignação possíveis. Esse é o nosso aprendizado comum.

Uma vida equilibrada e serena resume a felicidade possível. Se tudo é passageiro, que eu saiba navegar pela vida aproveitando ao máximo os momentos que ela oferece, bons ou ruins. É feliz aquele que entende o sentido da vida e dela desfruta com a alegria e a resignação possíveis.

13

AQUI E AGORA

Você já reparou como conseguimos acumular estresse, preocupação e angústia de forma gratuita, por invigilância? A principal causa parece ser a consagração de muito tempo e energia àquilo que não está acontecendo de verdade, ou seja, pensamentos que antecipam situações do futuro ou que nos bloqueiam no passado que já ficou para trás.

Tudo isso gera um descolamento do momento presente, em que a realidade se desdobra longe do aqui e do agora. Segundo os budistas, o pensamento se assemelha a um macaquinho travesso, que pula descontroladamente de galho em galho, sem destino certo. O resultado, geralmente, é angústia, ansiedade, aflição. Quem se antecipa ao futuro ou se percebe refém do passado não tem paz.

Ancorar o pensamento no momento presente é um exercício de pacificação interna, que promove saúde e bem-estar. Nossa sensibilidade, sentidos e percepções convergem serenamente. É como um barco à deriva, arrastado caoticamente pelas marés, até o momento em que a âncora é lançada. Nesse momento, independentemente do balanço do mar, a embarcação permanece fixada no mesmo lugar.

Uma prática relativamente simples para tentarmos sintonizar com o momento presente é a meditação. Existem várias técnicas diferentes, todas elas acessíveis e úteis. Há aquelas que sugerem que prestemos atenção na própria respiração, de olhos fechados, desacelerando assim o fluxo de pensamentos. Há outras técnicas que remetem à repetição de mantras, de palavras que vão distraindo a mente até que se alcance um estado de torpor, como se sonhássemos acordados. De uma forma geral, os meditantes parecem menos vulneráveis a rompantes de humor ou estados de aflição resultantes desse desconforto causado pelas artimanhas do "macaquinho travesso".

Seja qual for a técnica escolhida, essa imersão em si mesmo – quando bem-sucedida – produz resultados metabólicos interessantes, como a redução do batimento cardíaco, da pressão arterial, a melhoria da qualidade do sono, do fluxo intestinal, entre outros. São tantas as evidências de que a meditação faz bem à saúde que a prática é recomendada por médicos e terapeutas.

Nos dias corridos de hoje, o que não falta é desculpa para ir adiando esse projeto em favor da qualidade de vida. O primeiro passo é sempre o mais difícil. Quanto maior a frequência, maior o prazer. Se a mente costuma ser descrita como um computador, a meditação poderia ser comparada com a limpeza dos arquivos. Com o HD mais leve, processam-se mais dados com menor demanda de energia. Vamos dar uma desligada?

Quem se antecipa ao futuro ou se percebe refém do passado não tem paz. Ancorar o pensamento no momento presente é um exercício de pacificação interna, que promove saúde e bem-estar.

CUIDE BEM DO
SEU AMOR

O início de 2019 ficou marcado por uma sucessão de tragédias que abalaram o país num intervalo de tempo muito curto. O rompimento da barragem de rejeitos da Vale, que soterrou centenas de pessoas em Brumadinho (MG); o incêndio no contêiner do Flamengo, que vitimou no Rio de Janeiro vários jovens talentos do clube; e a queda, em São Paulo, do helicóptero que transportava o jornalista Ricardo Boechat, tão querido e respeitado pelos colegas de profissão.

Parece aquela situação de alguém que está no mar e, para se proteger de uma onda gigante, mergulha bem fundo. Quando volta à superfície, quase sem fôlego, se depara com outra onda colossal. Mergulha de novo bem fundo e, quando retorna novamente, nem tem tempo de respirar direito porque uma outra vaga vem na sua direção.

Às vezes, essas experiências dolorosas ocorrem numa frequência que parece não dar tempo de nos refazermos totalmente. E isso pode abalar o nosso íntimo, nossa confiança na vida, talvez até em Deus. Creio que o aprendizado mais importante da perda de pessoas queridas seja a necessidade de valorizarmos cada momento junto com elas, cada oportunidade de manifestarmos o quanto as amamos e as queremos bem. São exatamente esses momentos que malbaratamos no dia a dia, na presunção de que teremos sempre todo o tempo do mundo para estar com as pessoas que amamos.

Todos temos "prazo de validade". Sabemos que a morte é uma questão de tempo, mas ainda assim banalizamos as relações pessoais sem aproveitar a chance de estarmos com as pessoas que estimamos e queremos bem. Essa percepção de que cada minuto de vida é precioso parece ser um sentimento comum a todos os que se percebem "sobreviventes" de algum acidente grave ou doença terminal. É gente que se sente imensamente agradecida pela "segunda chance" que recebeu da vida e expressa essa gratidão a cada momento, enaltecendo a singularidade de cada conversa, de cada paisagem, de cada música. Tudo passa a ter um sabor especial.

Mesmo entre os que têm a plena convicção de que a morte não existe, e que seguimos viagem rumo à pátria espiritual, importa lembrar que a manifestação física daquela pessoa entre nós e a possibilidade de interagirmos com ela (conversando, abraçando, beijando, rindo ou chorando) deixarão de existir. Pelo menos, *nesta* vida. Mais uma razão para aproveitarmos ao máximo o tempo que tivermos junto a essas pessoas especiais com quem compartilhamos nossa jornada.

Cada dia é único e, sabe lá Deus, talvez o último. Não temos essa certeza e nunca a teremos. Isso não deve, em princípio, ser motivo de angústia ou ansiedade, mas que nos sirva de estímulo para manifestar clara e abertamente o apreço que temos pelas pessoas que nos cercam. Ainda há tempo para fazer isso, mas não todo o tempo do mundo. O momento de fazê-lo é agora.

Cada dia é único e, sabe lá Deus, talvez o último. Isso não deve ser motivo de angústia ou ansiedade, mas que nos sirva de estímulo para manifestar clara e abertamente o apreço que temos pelas pessoas que nos cercam. Ainda há tempo para fazer isso, mas não todo o tempo do mundo. O momento de fazê-lo é agora.

15

O DOCE E O AMARGO

Difícil imaginar o que seria da humanidade sem a presença luminosa de um exército anônimo de voluntários que se desdobram em diferentes frentes de trabalho. É gente que nos faz acreditar no ser humano e no poder do amor.

Há, entretanto, aqueles que, sem abraçar qualquer atividade voluntária, arrumam tempo para criticar quem faz a diferença em favor do próximo ou de qualquer causa nobre.

Já vi, por exemplo, pessoas serem criticadas por cuidar de animais abandonados. "Que absurdo! Desde quando bicho é mais importante que gente? Como fica a situação das crianças abandonadas?" Quem é militante da causa animal costuma lidar com isso.

A situação dos que auxiliam a população de rua não é muito diferente. Quem oferece aos desassistidos alimento, agasalho, palavras de conforto ou outra ajuda qualquer também costuma ouvir críticas. "Você fica dando aí de comer, fica dando agasalho e esse povo vai ficando na mesma situação. Você está cultivando a permanência da população de rua aqui na nossa vizinhança."

Críticas também costumam ser endereçadas aos que realizam qualquer ação voluntária em diferentes frentes de trabalho. "Olha, você já trabalha para ganhar o seu pão de cada dia. Já passa um tempo longe da família. Agora ainda vai fazer isso? Não seria mais conveniente você passar mais tempo com os seus familiares? E os amigos, como ficam?" Ou então: "Olha, a vida passa rápido e você está perdendo o melhor da festa!"

As pessoas que proferem esse tipo de crítica não se dão conta da remuneração espiritual, psicológica, psíquica que advém de qualquer ação voluntária. Não têm noção de como a autoestima floresce a partir da sensação de se perceber útil para alguém ou para alguma causa. Não obstante desconhecer tudo isso, se comprazem em desmerecer o esforço alheio em se disponibilizar para uma causa nobre.

É incrível perceber que boa parte dessas críticas vem de pessoas inativas no campo no voluntariado. Gente que se esmera no queixume, sem perceber que um gesto solidário numa direção não invalida o mérito de outro. Num mundo com tantas demandas urgentes, o que não falta é trabalho! Criticar é fácil, arregaçar as mangas e fazer a diferença em favor de um mundo melhor requer coragem e atitude. Parabéns a todos os que, para serem pessoas melhores, indispensáveis e inspiradoras, não se dobram diante dessas e de outras dificuldades.

Num mundo com tantas demandas urgentes, o que não falta é trabalho! Criticar é fácil, arregaçar as mangas e fazer a diferença em favor de um mundo melhor requer coragem e atitude.

16

QUEM AMA
ESCUTA

Um dos produtos mais raros no mercado é... uma escuta atenciosa. Para ouvir, basta ter audição. Para escutar, é preciso ouvir com atenção, mostrar interesse.

Muitos alegam falta de tempo para justificar essa indisponibilidade. Quando se trata de alguém próximo, um amigo ou parente que precisa falar de algo importante – um desabafo –, simulamos atenção por alguns instantes até encerrarmos a conversa com uma desculpa qualquer, ou então darmos algum conselho apressado para que a pessoa possa resolver a questão colocada. Em tempos dominados pela onipresença do celular, muitas vezes nem nos damos ao trabalho de guardá-lo e mirar nos olhos de quem nos procura para conversar... e o suposto "diálogo" termina acontecendo enquanto olhamos fixamente a tela do *smart-phone* e navegamos pelas redes sociais.

Essa aversão à escuta explica, em parte, muitos casos de solidão e até alguns distúrbios e transtornos que acometem (ou se agravam em) pessoas que permanecem encapsuladas em si mesmas, sem oportunidade de falar sobre si, sobre seus problemas, de desabafar abertamente sem constrangimento ou pudor. Sim, o "Velho Guerreiro" estava certo: "Quem não se comunica se trumbica!"

Num mundo como o nosso, onde problemas como a solidão, a depressão e a ideação suicida ocorrem em escala epidêmica, a existência de organizações voluntárias como o Centro de Valorização da Vida (CVV) faz toda a diferença. Fundado em 1962 na cidade de São Paulo, o CVV realiza um serviço gratuito de apoio emocional e prevenção do suicídio que acolhe qualquer pessoa necessitada de uma escuta atenciosa. Os voluntários (basta ter mais de 18 anos e boa vontade) passam por um treinamento e, se estiverem aptos para o serviço, se revezam em plantões semanais ao telefone ou pela internet. A primeira regra é guardar sigilo da conversa. Ninguém abre o coração para outra pessoa – compartilhando informações de sua intimidade – se não houver confiança no resguardo dessa conversa.

Os voluntários também não dão conselhos, já que o pressuposto do trabalho do cvv é que todos nós temos as respostas de que necessitamos para resolver nossos problemas. A escuta atenciosa permite o desabafo, o alívio, a descompressão necessária para que possamos nos sentir melhores no enfrentamento de nossas questões. Outro ponto importante é que o tempo da conversa é definido por quem ligou. Ninguém melhor do que o usuário do serviço para determinar o momento certo de encerrar o papo.

Alguns voluntários – notadamente aqueles que estão de plantão nas festas de fim de ano, atendendo às chamadas por volta da meia-noite – contam histórias emocionantes de pessoas que fazem contato apenas para agradecer o fato de estarem vivas, reunidas com seus familiares ou amigos, celebrando mais um natal ou um *réveillon*. Elas reconhecem o valor desse trabalho pelo resultado de uma conversa em que a escuta amorosa diluiu o desespero, dissipou angústia, espantou a solidão ou permitiu que esses e outros problemas pudessem ser enfrentados com ânimo renovado.

Escutar é verbo auxiliar de amar. Se você ama alguém, aprenda a escutá-lo. O aprendizado é difícil, é duro. Mas absolutamente necessário.

Para ouvir, basta ter audição.
Para escutar, é preciso ouvir
com atenção. Escutar é verbo
auxiliar de amar. Se você ama
alguém, aprenda a escutá-lo.
O aprendizado é difícil, é duro.
Mas absolutamente necessário.

17

DESAPEGO

Aconteceu comigo no ambiente de trabalho. Havia muitos computadores disponíveis na redação de jornalismo e eu fiquei à vontade para escolher aleatoriamente um dos equipamentos. Sentei-me, liguei o computador, inseri *login* e senha e comecei a redigir o texto da minha reportagem. É um momento de concentração importante para que nada nos escape enquanto registramos a história que justificou horas de apuração, deslocamentos e gravações.

De repente, um colega de trabalho se aproximou e disse: "Você vai ficar aqui?". Eu me surpreendi com a pergunta e respondi: "Vou, algum problema?". E a pessoa: "Bem, é que eu costumo ficar nesse computador". Aquilo me causou um certo embaraço. Olhei para os lados e falei: "Nossa, mas há tantos equipamentos disponíveis por aqui". E a pessoa arrematou: "Não, mas é que eu costumo me sentar aqui. Esse é o meu computador".

Na hora me veio a clara noção do quanto todos nós carregamos, em maior ou menor grau, o apego. Esse sentimento de posse nos traz invariavelmente muita dor e sofrimento. O apego se desdobra em diferentes direções: além de computadores, há também o apego a pessoas, animais, lugares, lembranças, rotinas...

O apego nos aprisiona. Num casamento, por exemplo, a saúde da relação depende do equilíbrio dinâmico em que os interesses do casal não deixem de considerar o que seja realmente importante para cada uma das partes envolvidas. É um aprendizado constante ao longo do qual o amor, a generosidade e o afeto devem inspirar as decisões. Se algum desgaste é inevitável, a recompensa pela construção de uma linda história pavimentada na confiança, cumplicidade e intimidade a dois é indizível. Há, entretanto, situações que merecem a devida atenção. Por vezes, ainda quando haja inúmeras evidências do esgarçamento da relação (eventualmente abusiva), evita-se a separação por alguma razão que não compensa o desgaste. Quem decide permanecer junto em circunstâncias como essa experimenta uma rotina dolorosa, na qual o amor dá lugar a um suplício interminável.

O apego também se manifesta diante da perda de alguém próximo, um ente querido, quando sobrevém a revolta contra o destino, contra a vida, contra Deus. Muitos de nós não aceitamos essa realidade e nos julgamos impotentes para seguir vivendo sem a pessoa que partiu. Se a única certeza que temos em vida é a morte, por que a revolta?

É evidente que, quando se trata da perda de um filho, a dor ganha uma amplitude compreensível. Ainda assim, é preciso seguir em frente e lidar com essa fatalidade da melhor maneira possível. Conheci pais que experimentaram essa dor extrema e conseguiram tocar a vida, ressignificando a existência elegendo outras prioridades, outras rotinas. O tempo nos ajuda a descobrir forças e disposições onde não imaginávamos ser possível. Se nos apegamos a uma determinada história que teve o seu fim, estamos indo na contramão das leis que regem a vida e o Universo. Isso também vale para a perda do emprego, para a perda da saúde, para perdas em geral.

A escritora gaúcha Lya Luft escreveu certa vez que

Não queremos perder nem deveríamos perder: saúde, pessoas, posição, dignidade ou confiança. Mas perder e ganhar faz parte do nosso processo de humanização.

É linda essa ideia, porque desapego não é indiferença, não é desapreço. Desapego, me parece, é a compreensão de que temos todo o direito de nos relacionarmos intensamente com pessoas e coisas, sabendo que pessoas e coisas estão de passagem.

Quem exercita o desapego parece estar numa condição de sabedoria muito bonita, porque valoriza ao máximo a oportunidade de usufruir sem ter a ilusão da posse. Sabe que o que é transitório não vai durar para sempre. Isso é sabedoria e conduz à paz possível.

Fui intensamente feliz, vivenciei momentos maravilhosos até que as condições mudaram, e a natureza convida para me situar de outra maneira no tabuleiro da existência. Vamos praticar o desapego?

O apego nos aprisiona. Desapego não é indiferença, não é desapreço. Quem exercita o desapego valoriza ao máximo a oportunidade de usufruir sem ter a ilusão da posse.

Sabe que o que é transitório não vai durar para sempre. Isso é sabedoria e conduz à paz possível.

18

RESIGNAÇÃO POSITIVA

Muita gente entende a palavra *resignação* como algo negativo, que remete à aceitação passiva de alguma situação adversa. Uma pessoa resignada seria alguém que desistiu de lutar, de reagir. Dependendo do contexto, quem se resigna é taxado de covarde ou submisso.

Há, entretanto, outra leitura possível dessa palavra. É quando nos deparamos com situações irreversíveis, irremediáveis, e descobrimos que a melhor maneira de lidar com elas é aceitá-las sem revolta ou ressentimentos.

É o caso da perda de um ente querido. Quando acontece, por mais dolorosa que seja essa experiência, não há alternativa a não ser vivenciar o luto – pelo tempo que for necessário – e aprender a tocar a vida sem aquele que partiu. É a resignação positiva. Ainda que nos sintamos profundamente abalados, aceitamos intimamente a realidade da morte como algo inerente à vida.

A perda da saúde, eventualmente uma doença terminal, é outra circunstância radical que testa os nossos limites. É óbvio que isso nos abala, prejudica planos, anula projetos e expectativas. Nenhum de nós parece estar preparado para isso. Mas, se acontece, o que fazer? A resignação positiva nos ajuda a cultivar a coragem necessária para realizar o tratamento possível e programar o tempo que nos resta por aqui com a serenidade que esteja ao nosso alcance.

Milhões de pessoas enfrentam o problema do desemprego lidando com a própria angústia, mas nem sempre conseguem disfarçar a ansiedade. A resignação positiva nos previne do desespero, reforçando nosso estoque de coragem para persistir na busca por uma vaga no mercado de trabalho. E se o emprego que aparecer não for aquele dos nossos sonhos, será possível perceber (se for o caso) que a melhor opção, naquele momento, é garantir a subsistência do lar, deixando a vocação em segundo plano. "É o que temos para hoje", costumam dizer alguns de forma bem-humorada.

É admirável quando conseguimos resistir ao derrotismo, mantendo o prumo sem entregar os pontos. Longe de aceitar passivamente a situação que nos é hostil, a resignação positiva nos permite lidar com as adversidades da vida com inteligência e discernimento. Um dos mais importantes filósofos gregos, Aristóteles resumiu numa frase a importância desse sentimento:

Mesmo na adversidade a galhardia resplandece, quando alguém sofre grandes e frequentes infortúnios com resignação, não por insensibilidade, mas por nobreza e grandeza da alma.

A resignação positiva nos ajuda a cultivar a coragem. A resignação positiva nos previne do desespero. A resignação positiva nos permite lidar com as adversidades da vida.

19

CADA FAMÍLIA
É ÚNICA

Dizem que os bebês humanos são os seres mais frágeis da natureza. Ao que parece, nenhum outro animal reclama tanta atenção e cuidados quanto nós nos primeiros meses de vida. Outras espécies já se deparam com a realidade dura da vida desde a largada da existência. O elefantinho despenca do ventre da mãe e cai violentamente no chão antes da primeira mamada. A tartaruga marinha sai do ovo e já se lança em disparada na direção do mar, onde a maioria dos irmãozinhos está condenada a virar petisco de predadores.

Alguns filhotes ainda convivem algum tempo com os pais, mas sem o nível de dependência da nossa espécie. Precisamos de abrigo, de comida na boca, de vigilância frequente e de muito afeto, carinho, atenção. Um imenso repertório de disponibilidades que leva (ou deveria levar) anos. Construímos culturalmente o conceito de família a partir desse núcleo protetor. A ela devemos o fato de termos chegado até aqui. Porque somos seres sociais, a família é o primeiro estágio de contato com os outros, quando assimilamos linguagem, cultura, hábitos e comportamentos. Até os sete anos de idade, quando se forjam o caráter, a personalidade e os valores da criança, é especialmente importante que as pessoas mais próximas tenham plena noção do que está acontecendo e participem ativamente, de forma consciente, desse burilamento do ser.

Cada família tem a sua singularidade. Podemos ter a nossa como modelo ou referência, mas é preciso cuidado com os estereótipos. Não deve causar surpresa dois homens (ou duas mulheres) se unirem para constituir uma família e adotar filhos. São inúmeros os relatos de pessoas referenciais no meio judiciário, particularmente do Juizado de Menores (especialistas no acompanhamento de adoções), que reportam o nível de excelência de casais de outras orientações sexuais no exercício da função de pais.

É muito doloroso quando os pais decidem se separar, mesmo quando se cercam de todos os cuidados para que os filhos não se ressintam dessa decisão. Mas, se for inevitável a dissolução do casamento, é interessante observar como muitos ex-cônjuges constituem outras famílias, redesenhando a comunidade mais próxima. Quando há afinidade e sintonia, essas redes familiares se tornam maiores e se reúnem todos juntos sem estresse algum. Pais e padrastos, mãe e madrastas, todos se reconhecem como parte de um mesmo grupo no qual há respeito e harmonia. É até divertido imaginar famílias tão numerosas por conta desses novos arranjos conjugais.

Para um morador de rua solitário, a família pode ser o vira-lata de estimação. Para o imigrante que vive no estrangeiro, a família pode ser os que o acolheram ou seus conterrâneos. Para quem já teve família e perdeu os entes queridos, os amigos e colegas de trabalho podem suprir lacunas emocionais deixadas pelos seus. Impossível estimar todas as situações em que podemos reconhecer o sentimento familiar presente.

Quantos tipos diferentes de famílias existem por aí? Será que vale a pena discutir qual o verdadeiro significado de família, estigmatizando todos os outros? Onde houver o sentimento de amor, cumplicidade e solidariedade unindo duas ou mais pessoas (não esqueçamos dos bichos que fazem a diferença para muita gente), o espírito da família estará presente!

Cada família tem a sua singularidade. Podemos ter a nossa como modelo ou referência, mas é preciso cuidado com os estereótipos. Onde houver o sentimento de amor, cumplicidade e solidariedade unindo duas ou mais pessoas, o espírito da família estará presente!

PROGRAMANDO A TELA MENTAL

A mente é uma "tábula rasa", maleável e aberta a diferentes "pacotes de programação". Melhor seria se entendêssemos a mente como um *software* que demanda os cuidados constantes de um bom programador. Há quem faça isso intuitivamente quando, por exemplo, reconhece a importância de, logo na largada do dia, de manhã, buscar uma boa sintonia através da prece ou da meditação. É como aplicar um antivírus no sistema antes de submetê-lo a mais uma jornada de trabalho, melhorando o desempenho e a produtividade. Uma mente serena responde com mais eficiência aos múltiplos estímulos de um dia atribulado.

Se o programador também cuida do corpo, evitando o sedentarismo, melhora ainda mais o rendimento da mente. Exercícios físicos liberam substâncias químicas que lubrificam as engrenagens do sistema nervoso em favor de nosso bem-estar.

Essa "programação mental" também alcança pequenos gestos que podem fazer muita diferença. Evitar discussões desnecessárias conserva nosso precioso estoque de energia mental para assuntos mais importantes que demandarão foco e concentração. Agradecer o alimento de cada dia (prática comum em países como os Estados Unidos, onde muitas famílias fazem uma pequena prece antes das refeições) torna o hábito de comer menos mecânico e banal, elevando a nossa percepção do privilégio que é poder saciar a fome. Esse reconhecimento – quando sincero – torna a deglutição e a digestão processos mais conscientes e saudáveis.

"A mente comanda e o corpo obedece", diz o ditado. Quando abdicamos da função de "programadores" de nossa própria mente, abrimos caminho para situações indesejáveis que explicam boa parte da infelicidade das pessoas. É como um barco à deriva no oceano. Sem comando, a embarcação seguirá o fluxo da correnteza de forma aleatória, eventualmente se afastando de seu objetivo. O chamado "movimento de manada" – quando replicamos um comportamento instintivo do mundo animal – alude a uma situação em que repetimos o que os outros fazem sem qualquer reflexão individual. Isso pode nos custar muito caro, já que desperdiçamos tempo e energia em favor de outros interesses que não os nossos.

Ao longo dos 27 anos em que cumpriu pena de trabalhos forçados em Robben Island, na África do Sul, durante o vergonhoso sistema de *apartheid* naquele país, Nelson Mandela se inspirou num trecho do poema *Invictus*, do britânico William Ernest Henley, para se refugiar na fortaleza mental que lhe permitiu passar por essa experiência com coragem e dignidade:

Não importa o quão estreito seja o portão e quão repleta de castigos seja a sentença, eu sou o dono do meu destino, eu sou o capitão da minha alma.

A mente é como um *software* que demanda os cuidados constantes de um bom programador. Quando abdicamos da função de "programadores" de nossa própria mente, abrimos caminho para situações indesejáveis que explicam boa parte da infelicidade das pessoas.

21

OS INVISÍVEIS

Estamos cercados de pessoas invisíveis à nossa volta. Não estou falando de fantasmas ou desencarnados. É gente de carne e osso mesmo. Pessoas que ignoramos, pelas quais passamos direto, desviando o olhar, em total indiferença.

É o caso dos trabalhadores terceirizados que fazem a limpeza de banheiros em empresas públicas ou privadas. Essa é uma categoria sofrida e constantemente ignorada. Quem realiza esse trabalho o faz pela necessidade do próprio sustento. Embora digno e necessário, não é razoável supor que alguém busque esse emprego por vocação. Reconhecê-la como uma ocupação importante (quem não gosta de entrar num banheiro limpo e cheiroso?) é o primeiro passo para mudarmos algo nessa rotina. Banheiros sujos, fétidos, além de desagradáveis, oferecem risco à nossa saúde.

Portanto, o mínimo que deveríamos fazer ao encontrar um trabalhador que limpa banheiros é cumprimentá-lo: "bom dia", "boa tarde", "boa noite"! Se quiser ir adiante, agradeça o belo serviço feito, porque ele merece esse reconhecimento.

Agora, repare: se você o cumprimentar, prepare-se para testemunhar o susto que virá do outro lado. Quase dá para ouvir os pensamentos de quem se acostumou a viver praticamente na obscuridade. "Nossa, alguém descobriu que existo, que estou aqui." Pronto: menos um invisível no mundo!

Dizem que o oposto do amor não seria o ódio, mas a indiferença. Isso porque todos precisamos ser percebidos, queremos atenção e carinho, amor e afeto, reconhecimento e respeito. Somos seres sociais, e quando vivemos em grupos nos quais essa manta da invisibilidade nos distingue negativamente, a nossa autoestima diminui ainda mais. Alarguemos o foco. Quantas outras pessoas cruzam o nosso caminho sem que reparemos na sua presença?

Os lixeiros cumprem uma função estratégica para que a cidade permaneça limpa, evitando a disseminação de muitas doenças. Um bom indicador da importância dessa categoria é notar como eventuais greves dos profissionais de limpeza pública costumam ser solucionadas mais rapidamente que a de médicos ou professores. A percepção dos governantes costuma ser a de que lixo acumulado na rua é algo mais desgastante politicamente do que outros problemas da administração pública. Apesar de tudo isso, quantos de nós ignoramos a presença dos lixeiros quando passamos por eles? Será tão difícil cumprimentá-los e, se possível, lembrá-los do quanto são importantes?

É muito triste quando essa invisibilidade atinge pessoas dentro de uma mesma comunidade. Por exemplo, num condomínio em que os moradores ignoram a figura do porteiro e, principalmente, dos faxineiros. Muitos nem olham diretamente para esses trabalhadores, mal sabem seus nomes, nunca conversam ou manifestam interesse por sua vida. Por vezes, sequer os cumprimentam, embora os vejam todos os dias e dependam do trabalho deles para se sentirem seguros e terem os seus locais de moradia limpos.

Já reparou na quantidade de invisíveis que estão por aí? Garçons, secretárias, *office boys*, empregadas domésticas, ascensoristas... Imagine voltar para casa depois de um dia de trabalho em que várias pessoas cruzaram o seu caminho, mas quase ninguém o percebeu. Creia, isso não faz bem.

Quando treinamos o nosso olhar para perceber – e reconhecer – as pessoas à nossa volta, despertamos em nós uma sensibilidade que é muito bem-vinda nesses tempos embrutecidos. É como se, intimamente, você estivesse dizendo para essas pessoas: "Obrigado por você existir; você faz toda a diferença para mim e para a nossa coletividade. Deus o abençoe e proteja!"

Dizem que o oposto do amor não seria o ódio, mas a indiferença. Isso porque todos precisamos ser percebidos, queremos atenção e carinho, amor e afeto, reconhecimento e respeito.

Obrigado por você existir; você
faz toda a diferença para mim
e para a nossa coletividade.
Deus o abençoe e proteja!

22

A DOENÇA DO CONSUMISMO

Há uma frase do filósofo indiano Jiddu Krishnamurti de que eu gosto muito. Cito-a às vezes em palestras e em artigos que escrevo. Ela diz: "Não é sinal de saúde estar bem adaptado a uma sociedade doente". É um convite para assumirmos com autenticidade e coragem o que somos, o que sentimos, o que pensamos. É, portanto, um exercício de coerência para evitarmos a armadilha de ser o que não somos.

Entre os muitos fatores que determinam essa patologia denunciada por Krishnamurti está a importância que atribuímos à acumulação de bens e posses. Um bom exemplo disso são as chamadas "datas comemorativas", como o dia das mães, quando testemunhamos uma verdadeira avalanche de apelos vorazes da publicidade.

O sentido das campanhas é convencer os filhos de que não há prova mais fidedigna de amor do que presentear a mãe. A gratidão filial precisa ser comprovada no gesto de dar um presente para que ela reconheça o tamanho do nosso amor. Quem estiver desempregado, endividado ou em situação orçamentária aflitiva não aparece na equação das agências publicitárias. Mas, não raro, sente-se também na obrigação de dar o tal presente, agravando a própria situação.

Prestações salgadas, turbinadas por juros escorchantes, financiamentos mal calibrados que determinam estados aflitivos desnecessários fazem parte do pacote. Na raiz do problema, os valores prevalentes da sociedade de consumo que promovem angústia, aflição, desespero, infelicidade.

É muito triste quando uma pessoa se ilude a ponto de transferir para o que é descartável e perecível os legítimos anseios de ser feliz. É algo tão amplamente disseminado em nossa cultura que inúmeros jovens norteiam suas escolhas profissionais apenas pela perspectiva de uma remuneração elevada, abdicando da vocação. A razão disso é simples: com mais dinheiro, compra-se mais.

Conheço muita gente rica que, embora abastada de bens materiais, não conseguiu realizar o mais importante de todos os projetos existenciais, que é ser feliz, ou pelo menos experimentar a felicidade possível. Normalmente, são pessoas que vivem atormentadas pelo vazio existencial, embora sempre ávidas pela aquisição de novos produtos de luxo. Essa é a armadilha do consumismo: jamais propiciará saciedade, por maior que seja o poder aquisitivo.

Sou jornalista e quem paga o meu salário é a publicidade, pois as empresas de comunicação vivem da receita dos anúncios. Não quero estigmatizar nem a publicidade nem o consumo, mas preciso me posicionar claramente contra o consumismo. Há preciosos elementos de convicção para denunciar os graves problemas causados pelo hiperconsumo num planeta onde os recursos são finitos e a desigualdade social é imensa.

Sob esse aspecto, pode-se dizer que o consumista se assemelha a um predador. Exaurir os recursos do planeta, a título de diversão ou prazer, é algo moralmente discutível. Exaltam-se o egoísmo, o individualismo e o hedonismo sem considerar questões importantes do nosso tempo, como o risco de colapso na capacidade de os ecossistemas proverem a humanidade dos recursos naturais que a nossa espécie tem crescentemente demandado.

O consumismo reforça esse encapsulamento. Ficamos ilhados e muito sintonizados com as nossas supostas "necessidades" sem perceber muitas outras coisas importantes que acontecem à nossa volta.

É muito bem-vinda nessa reflexão a preciosa contribuição de diferentes correntes religiosas ou espiritualistas quando lembram que não possuímos rigorosamente nada desse mundo. Todos os recursos materiais de que usufruímos durante nossa passagem pela Terra, aqui permanecerão após a nossa desencarnação. Mesmo o nosso corpo físico poderia ser entendido como um "veículo" utilíssimo durante nossa permanência nesse plano, mas sem função alguma para nós depois do colapso orgânico.

Segundo essas correntes de fé, o que levamos para o "lado de lá" é o estoque de conhecimento, de sabedoria, o desenvolvimento ético e emocional que conseguimos consolidar. É isso que levamos na bagagem.

Nesse sentido, importa exercitar o desapego. O consumo compulsivo é uma patologia que responde pelo nome de oneomania. A pessoa pode estar endividada, desempregada, não ter renda alguma, mas ela dá um jeito de comprar algo mais (que não é considerado fundamental à própria subsistência), agravando a própria situação. É uma compulsão que precisa ser diagnosticada e tratada com apoio psicológico e eventual uso de medicamentos.

Que busquemos a felicidade (ou respostas para o sentido da vida) sem o encantamento traiçoeiro pelo que é descartável e perecível. Que façamos o movimento corajoso, destemido e necessário de entender o que, de fato, faz a diferença para cada um de nós nesta vida.

"Não é sinal de saúde estar bem adaptado a uma sociedade doente." Busquemos a felicidade sem o encantamento traiçoeiro pelo que é descartável e perecível. Façamos o movimento corajoso, destemido e necessário de entender o que, de fato, faz a diferença para cada um de nós nesta vida.

23

AS LIÇÕES DO ABACATEIRO

Moro no sexto andar de um prédio no Rio de Janeiro. Da minha janela, é possível avistar, no jardim do prédio que fica à esquerda, um abacateiro. Eu me lembro bem quando o plantaram há uns 15 anos. Acompanhei maravilhado o crescimento rápido dessa espécie que, em poucos anos, já ocupava um espaço generoso com a copa cheia, dando sombra e muitos abacates.

    Um belo dia, levei um enorme susto ao chegar junto à janela e perceber que, no lugar do abacateiro, havia apenas um toco. Da árvore frondosa sobrou apenas o tronco cortado a uma altura de, no máximo, dois metros. A imagem me cortou o coração. Desci e fui checar com o porteiro do prédio vizinho a razão do abate. A explicação me deixou ainda mais contrariado. A poda radical pretendeu evitar que os galhos se aproximassem demais da rede aérea de fios sustentada pelos postes na rua. "Mas precisavam cortar desse jeito?", perguntei ao porteiro, que, obviamente, não tinha culpa alguma nessa história. Ele respondeu que o condomínio havia contratado uma empresa supostamente especializada, que passou a motosserra no abacateiro.

É impressionante como algumas pessoas – eu me incluo nesse grupo – estabelecem relações de afeto e amizade com árvores. A aparente morte do abacateiro me deixou triste por vários dias. Pela janela, em lugar da linda árvore, eu passava a avistar agora um toco. Para doer menos, deixei de prestar atenção naquela parte da rua.

Semanas depois, a surpresa! De todo o abacateiro, começaram a surgir novos galhos viçosos, que apontavam para o céu. Resolutas, essas ramificações foram ganhando musculatura e, à medida que cresciam em volume e tamanho, projetavam um novo *design* para o castigado abacateiro. Em menos de um ano, lá estava uma nova árvore, menos exuberante, mas determinada a recuperar sua boa forma, o que acabou acontecendo algum tempo depois. Precavidos, alguns moradores igualmente chocados com a poda radical fizeram chegar ao condomínio a necessidade de calibrar uma eventual nova poda de acordo com a justa demanda de reduzir riscos de acidentes com a rede de fios. Toco nunca mais!

Esse abacateiro me proporcionou muitas reflexões sobre persistência, obstinação e humildade. Alvo de uma terrível violência, ele retribuiu a brutalidade do corte raso de forma amorosa e gentil, reconstituindo-se, reconfigurando-se, oferecendo novamente sombra e frutos aos seus algozes. É interessante estudar a natureza e perceber outras preciosas lições de sabedoria na mesma direção. É como se houvesse um "*software*" inteligente da vida que testasse a nossa capacidade de superar adversidades, vencer obstáculos, ser resiliente.

Todos dispomos dos mesmos recursos do abacateiro para seguir em frente, na direção do sol, descobrindo novas formas de crescer e ser útil.

É interessante estudar a natureza e perceber preciosas lições de sabedoria. É como se houvesse um *"software"* inteligente da vida que testasse a nossa capacidade de superar adversidades, vencer obstáculos, ser resiliente. Todos dispomos dos mesmos recursos para seguir em frente descobrindo novas formas de crescer e ser útil.

24

NUTRIÇÃO ESPIRITUAL

Bem nutrido não é aquele que come mais, mas quem ingere a alimentação mais balanceada e saudável. O estudo da nutrição revela os bastidores de tudo o que se come por aí, indicando o que mais nos favorece ou prejudica. Quem valoriza a saúde não descuida de uma boa nutrição.

Nós também nos nutrimos das "energias" que estão à nossa volta. Um verdadeiro banquete, farto, que propicia saúde ou doença. É possível prestar atenção aos sinais e reconhecer a qualidade daquilo que estamos absorvendo a todo momento.

Existem pessoas cuja simples presença nos faz bem. Gostamos delas por perto, e percebemos claramente o efeito positivo que isso provoca em nós. Melhor tornar esses encontros mais frequentes. Essas pessoas são nutrientes.

Há lugares bonitos que nos inspiram e apaziguam. Pode ser uma praia, uma floresta, um templo, uma praça. São nossos cantinhos preferidos nesse planeta. Melhor fazer esses passeios com mais frequência. Esses lugares são nutrientes.

Uma boa música nos deixa com sensação de plenitude, um texto inspirado nos eleva, lindas lembranças nos enternecem, e a nutrição espiritual segue seu curso.

Na televisão, o seletor de canais define o repertório de nutrientes. Quem está no comando é você. Se algo o encanta, permaneça. Se algo o choca, mude ou desligue. Há muitas coisas em jogo quando nos distraímos e consumimos aquilo que nos deprime ou entristece.

Nas redes sociais, há de tudo para todos os gostos. Importa saber o que você está fazendo nelas e o que deseja absorver desse ambiente. Quanto mais tempo navegando de forma invigilante no universo *on-line*, maior o risco de acessar conteúdos que possam deixá-lo angustiado ou infeliz.

"Nem só de pão viverá o homem", assinalou Jesus numa passagem do *Evangelho*, indicando a necessidade dos nutrientes espirituais para nossa saúde integral. Todo movimento que fazemos na direção da transcendência, da espiritualidade (que não é sinônimo de religião) e da busca por respostas que emprestem sentido à nossa existência nos sacia a alma faminta de luz e de paz.

Nós nos nutrimos das "energias" que estão à nossa volta. Um verdadeiro banquete, farto, que propicia saúde ou doença.

"Nem só de pão viverá o homem", assinalou Jesus numa passagem do *Evangelho*, indicando a necessidade dos nutrientes espirituais para nossa saúde integral.

25

NINGUÉM É OBRIGADO A SER FELIZ

Não há nada mais irritante do que alguém que nos obrigue a sorrir quando não estamos a fim, ou nos cobre alegria em momentos em que esse sentimento não é espontâneo. Nenhum de nós é 100% feliz ou alegre, e até onde me foi possível compreender a natureza humana, quanto mais cedo descobrirmos isso, melhor.

A tristeza tem o seu lugar nas nossas vidas. É um sentimento natural e compreensível, que não deveria ser estigmatizado. Em pessoas saudáveis, a tristeza, o desalento, o desânimo, a frustração – ou qualquer outro sentimento desagradável que nos alcance – vêm e vão, são sentimentos passageiros, e a alternância deles em nossas vidas deveria ser entendida como um fenômeno tão natural como o fluxo das marés ou a mudança do tempo. Nosso desafio é entender essa dinâmica e não permitir que esses momentos perdurem na linha do tempo.

Os especialistas costumam dizer que a diferença entre tristeza e depressão é que o transtorno de humor (depressão) provoca uma tristeza persistente. Estar atento a essas nuances ajuda a proteger a nossa saúde psíquica e psicológica. Se, depois de duas semanas, uma tristeza aguda que oprime o peito e estilhaça o coração persistir, é hora de procurar ajuda!

Nenhum de nós tem a obrigação de ter sempre uma postura corajosa, destemida diante da vida. O medo e a hesitação fazem parte. Aceitar isso como uma realidade inexorável da vida nos ajuda a enfrentar situações difíceis do dia a dia com naturalidade. Pessoas saudáveis não devem reprimir esses sentimentos, mas lidar com eles de forma inteligente. Ter problemas ou limitações de qualquer ordem não é o fim do mundo. É importante, entretanto, que, sem nos cobrar perfeição, tenhamos discernimento e equilíbrio para descobrir a melhor maneira de lidar com cada situação.

Não seria exagero dizer que a maioria de nós não permanece a maior parte do tempo em estado de felicidade e harmonia. Estamos aqui na condição de aprendizes da vida, lidando com as nossas muitas imperfeições da melhor maneira possível. Permita-se o erro, não se culpe nem se sinta frustrado. Todos estamos no mesmo barco, almejando as mesmas coisas, enfrentando cada um nossos próprios obstáculos. O importante é seguir em frente.

Entretanto, quando é muito persistente esse sentimento de recolhimento, de retirar o time de campo, de não ousar, de não avançar na busca da solução para um determinado problema ou desafio, é bom avaliarmos se esse medo é nosso aliado ou inimigo.

A única obrigação que temos em vida é assumirmos quem somos. E cada um descobre isso a seu modo, no seu tempo e da forma que melhor lhe convier. Que ninguém se cobre em demasia, já que todos somos imperfeitos. Lembre que, quando o obstáculo aparece, quando a dificuldade advém, surge também a oportunidade de darmos um passo à frente.

Nenhum de nós é 100% feliz ou alegre. Permita-se o erro, não se culpe nem se sinta frustrado. O importante é seguir em frente. A única obrigação que temos em vida é assumirmos quem somos. E cada um descobre isso a seu modo, no seu tempo e da forma que melhor lhe convier.

26

VAMOS FAZER UMA *SELFIE*?

A forma recorrente e frenética com que muitas pessoas fazem *selfies* tem chamado a minha atenção. Não vai aqui nenhum juízo de valor, mas qualquer observador atento haverá de perceber um comportamento quase compulsivo de registrar, em imagens, momentos que serão depois compartilhados nas redes sociais. Em boa parte dos casos, esses momentos têm em comum o propósito de afirmar o quanto a pessoa se encontra em posição de vantagem perante os outros. Imagens que sugerem que ela está no "lugar certo", ou com as "pessoas certas", ou fazendo a "coisa certa", ou tudo isso misturado. É como se fosse uma disputa pelo título de "a pessoa mais feliz e realizada do mundo".

Essa obstinação pela melhor *selfie* tem impedido muita gente de vivenciar plenamente o momento, curtir um *show* de música, apreciar uma paisagem, aproveitar uma reunião em família ou com amigos de longa data, ver uma exposição num museu etc.

Além de não se permitirem uma imersão verdadeira na experiência sensorial do momento, os viciados em *selfie* ainda podem prejudicar o direito dos outros de curtirem o mesmo momento. É quando o alvoroço em capturar a imagem pelo melhor ângulo perturba a atenção de quem está próximo, e isso por vezes gera um estresse desnecessário.

Mas qual será o prazo de validade da *selfie*? Depois que se publica a tal imagem nas redes sociais, a minha presunção é que ela alcance rapidamente a decrepitude e o desinteresse alheios. A fugacidade desse movimento – que poderíamos qualificar de "líquido", recorrendo à clássica definição do sociólogo polonês Zygmunt Bauman para a efemeridade que marca o mundo moderno – é algo impressionante. Isso, porém, inibiria quem está sempre com o *smartphone* engatilhado para o próximo registro? Creio que não.

O que diferencia a *selfie* do que fazíamos antes, quando usávamos máquinas fotográficas para eternizar imagens nossas, de outras pessoas ou de paisagens? O que move as pessoas a agirem hoje dessa maneira? É curioso como, nas *selfies*, só revelamos um lado supostamente feliz, alegre e bem resolvido. Quase ninguém parece disposto a mostrar um lado mais "real" da sua vida. A cultura da *selfie* parece ser aquela em que nos rendemos à ditadura da eterna alegria, compartilhando imagens de um personagem que não nos representa verdadeiramente. Esses fragmentos da realidade nos precipitam na fantasia de que somos aquilo que projetamos. Há quem invista precioso tempo para consumar esse projeto virtual. Será que funciona?

A cultura da *selfie* parece ser aquela em que nos rendemos à ditadura da eterna alegria. Esses fragmentos da realidade nos precipitam na fantasia de que somos aquilo que projetamos. Há quem invista precioso tempo para consumar esse projeto virtual. Será que funciona?

27

QUANDO NÃO
SE TEM PÁTRIA
OU CASA

Refugiado é aquele que não escolhe mudar de país. É o que lhe resta fazer quando se percebe na condição de perseguido (por razões políticas, religiosas, étnicas) ou sofre com o violento colapso econômico que não lhe permite sequer o direito a uma refeição digna. Esses e outros fatores de pressão determinam uma decisão dura, radical, de deixar parte da família para trás (quando não a família inteira), trabalho, casa, patrimônio, para buscar a sobrevivência em um outro país cujo idioma ele não domina e onde, na maioria das vezes, não conhece ninguém. É um salto no escuro.

O mundo tem hoje, segundo dados da ONU, mais de 70 milhões de refugiados. Isso dá uma média de 37 mil migrações por dia motivadas por ódio, preconceito, intolerância, perseguição política etc. No momento em que escrevo essas linhas, o principal fluxo migratório em direção ao Brasil vem da Venezuela. São histórias muito tristes, quase inacreditáveis. O país está em ruínas. Imagens divulgadas nas redes sociais e por algumas televisões estrangeiras mostram grupos de pessoas (profissionais liberais bem articulados) retirando restos de comida dos caminhões de lixo que circulam por Caracas. Tornaram-se comuns cenas de pessoas bebendo água imprópria para consumo humano das galerias de água pluvial da capital do país. Famílias enterram seus mortos no quintal de casa porque não há recursos para resolver o problema de outro jeito. Níveis alarmantes de depressão e suicídio, entre inúmeros outros problemas de saúde pública, sem a devida resposta das autoridades.

Conversei com uma refugiada que chegou grávida ao Brasil, mas com 15 quilos a menos do que o desejado. Sua gravidez corria risco por inanição. O filho dela nasceu no Rio de Janeiro, assistido por organizações humanitárias, que também a ajudaram a aprender português e ser alojada em um lugar modesto, porém digno, até que possa trabalhar. Essas pessoas chegam ao Brasil, por vezes, em estado de choque. É compreensível, já que lidam com a realidade hostil de um mundo que não lhes oferece um lugar que possa chamar de seu. Esse não é um problema exclusivo dos refugiados estrangeiros.

Por aqui, o contingente de brasileiros que dormem nas ruas cresce na velocidade das crises econômicas, elevando a disputa por espaço nas sarjetas ou debaixo das marquises. Difícil precisar o número da população de rua (prefiro a expressão "pessoas em situação de risco social"), mas é possível mapear o estigma, o preconceito, a aversão e a violência covarde que elas despertam nos outros.

Segundo o Ministério da Saúde, em apenas três anos, 17 mil pessoas em situação de rua foram atendidas, nas redes de saúde pública, por agressão. De acordo com o levantamento, a maior parte dessas pessoas é do sexo feminino, jovem e negra. O estudo revela ainda que, na maioria dos casos, as vítimas não reconhecem os agressores. Mas, para o Ministério Público, policiais e seguranças particulares seriam os principais responsáveis por essa violência.

Não é possível medir com precisão toda a hostilidade manifestada contra essas pessoas. Não são "moradores de rua" porque a rua não é moradia de ninguém. Quem está na rua não teve outra opção ou alternativa. São histórias invariavelmente muito tristes, relacionadas a abandono, vícios, desemprego, solidão. Há famílias inteiras que foram desalojadas de imóveis onde não foi mais possível pagar aluguel ou condomínio. Embora alguém da família ainda trabalhe ou estude, não têm mais uma casa.

Ao fazer uma reportagem sobre essa população de rua, eu me emocionei ao ouvir um rapaz no centro do Rio dizer: "O que mais dói é o olhar de desprezo das pessoas, e isso a gente não esquece. Isso acompanha a gente e dói no coração."

Há sempre algo ao nosso alcance que podemos fazer para ajudar, socorrer, mitigar essa dor que a maioria de nós não conhece. Não é difícil imaginar o quanto ela é devastadora para refugiados e pessoas em situação de rua. Se somos todos irmãos em humanidade, não podemos ignorar esse problema. Se não estiver bom para todo mundo, não está bom para ninguém.

Há sempre algo ao nosso alcance
que podemos fazer para ajudar,
socorrer, mitigar a dor que a
maioria de nós não conhece.

Não é difícil imaginar o quanto ela é devastadora para refugiados e pessoas em situação de rua. Somos todos irmãos em humanidade. Se não estiver bom para todo mundo, não está bom para ninguém.

28

MASCULINIDADE TÓXICA

Joãozinho nasceu homem no Brasil. Seu pai nunca escondeu a preferência por um varão. Nada contra mulheres, mas ter um descendente homem tinha um sabor especial. O pai de Joãozinho é daqueles que preferem ter a mulher em casa cuidando da família. "Mulher minha não trabalha", ouviu certa vez o garoto. Aprendeu cedo que "homem não chora" e que precisava ser "um macho de verdade". Qualquer manifestação de sensibilidade ou delicadeza era motivo de piadinhas sexistas dos homens à sua volta, e às vezes até de algumas mulheres. Joãozinho aprendeu que homem usa azul e deve evitar a cor rosa. E que seria bom gostar de futebol.

Ele sofria toda vez que o pai lhe pedia que engrossasse a voz, embora ainda estivesse na adolescência. Quando o corpo espichou, e a voz engrossou, a cobrança era por uma namorada. A virgindade era um tormento, e a ideia de perdê-la num bordel (foi assim que aconteceu com o pai) não lhe entusiasmava nem um pouco.

Sofria ao ver o pai tratar mal a mãe. Xingamentos e humilhações eram frequentes quando estava bêbado. Por vezes, a agredia fisicamente. Não achava certo, mas cresceu achando que era assim que as coisas deviam ser. Os pais eram sua referência de família, e como a mãe parecia submissa e resignada diante daquilo, normatizou a situação.

Existem muitos Joãozinhos por aí. Eles aprendem desde cedo que ser homem é reproduzir esses valores e comportamentos. Só que essa cultura típica de uma sociedade patriarcal e machista é hoje repudiada como nunca e passou a ser reconhecida como "masculinidade tóxica".

Atribuir ao homem (pelo simples fato de ser homem) a condição de "líder", "chefe de família" ou "provedor do lar" revela um brutal desconhecimento do fundamental papel das mulheres na sociedade moderna, em todos os níveis. Além disso, uma das nefastas consequências do machismo é o desrespeito a orientações sexuais que fogem ao padrão do "macho alfa", causando enorme sofrimento a muita gente.

A cultura da violência deve muito a essa exacerbação do macho. A predisposição de usar a força para resolver os problemas, intimidar em vez de conversar, impor sua vontade como se fosse um direito natural são algumas consequências disso.

A desintoxicação é lenta, mas necessária. Pode-se dizer que este é um desafio espiritual, porque insere valores positivos que transformam o homem de dentro para fora. Não é menos homem quem divide as tarefas domésticas com as mulheres, ou quem, em situação de desemprego, é sustentado pela companheira. Não é menos homem quem usa rosa, quem não tem a voz grossa. Não é menos homem quem não gosta de futebol nem de mulher.

Enquanto a maioria absoluta dos homens enfrenta a dura realidade de se perceber prisioneiro de um estereótipo que lhe traz cada vez mais problemas, vale refletir sobre os versos de Pepeu Gomes, autor da música *Masculino e feminino*, composta em 1983, que diz:

Ser um homem feminino não fere o meu lado masculino.
Se Deus é menina e menino, sou masculino e feminino.

Não é menos homem quem divide as tarefas domésticas com as mulheres, ou quem é sustentado pela companheira. Não é menos homem quem usa rosa. Não é menos homem quem não gosta de futebol nem de mulher.
"Ser um homem feminino
não fere o meu lado masculino.
Se Deus é menina e menino,
sou masculino e feminino."

29

CADA UM COM SEU CADA UM

Cada indivíduo é literalmente único no universo. Isso pode ser percebido claramente na dimensão física através das nossas digitais, da íris dos olhos ou dos lóbulos das orelhas. Pode haver pessoas parecidas; iguaizinhas, não. É como se cada pessoa transportasse consigo um selo de autenticação, confirmando a própria singularidade.

Isso também vale em relação à forma de pensar e de sentir. Mesmo que duas pessoas sejam muito parecidas no campo das afinidades emocionais ou intelectuais, a maneira como isso se resolve no dia a dia é diferente. Torcedores apaixonados de um mesmo clube de futebol, eleitores fervorosos de um determinado político, membros de um fã clube de um artista, seja qual for a situação, cada um de nós possui um jeito muito próprio de ser o que é.

Num país de maioria cristã, vale lembrar que existem inúmeras denominações (católicas, evangélicas, espíritas, entre outras) inspiradas no *Evangelho* de Jesus. Em cada uma delas, há várias ramificações. Cada uma com o seu jeito de explicar as coisas. E dentro de cada ramificação, os seguidores também não convergem totalmente em relação ao significado dessas interpretações.

Os quatro evangelistas que acompanharam os passos do Cristo pelo Oriente Médio eram bem diferentes uns dos outros, e contaram as mesmas histórias de formas distintas. Se os conteúdos convergem no sentido moral, diferem no estilo de reportar os fatos. No jornalismo, sabe-se que, dentre dezenas ou centenas de profissionais de imprensa encarregados de cobrir um determinado evento, cada um o fará do seu jeito. Ninguém precisa se esforçar para isso. Basta que cada um seja o que é.

Essa diversidade, longe de causar confusão, nos enriquece. Estar aberto a diferentes culturas e manifestações de fé (ou de ausência de fé) amplia nosso entendimento do mundo.

Nunca foi tão importante lembrar que todas as tentativas de padronizar, homogeneizar, pasteurizar o pensamento, a cultura, a religião e os pontos de vista de cada um resultaram num retumbante fracasso, causando muita dor e sofrimento. As que estão em curso no mundo ainda causam muitos problemas e conflitos. Regimes totalitários ou estados teocráticos tendem a estigmatizar quem não segue certos dogmas ou a cartilha dos governantes de ocasião. Não raro, há perseguições e violência.

Sim, somos a comunidade dos diferentes. E, nas nossas diferenças, encontramos o grande triunfo da civilização: o riquíssimo aprendizado que surge da convivência harmoniosa com os "diferentes" de você. Nesse sentido, a política precisa ser a arte do diálogo, da construção de um projeto coletivo, da convergência possível e das soluções que levem em conta o direito de divergir, de questionar e de criticar, sempre com educação, num ambiente de tolerância e respeito.

Espera-se que o exemplo venha de cima. Todos os dirigentes políticos deste país tão miscigenado e megadiverso deveriam ser os primeiros a reconhecer que somos mais fortes na diferença. Não existe outro Brasil no planeta, e isso nos distingue no concerto das nações.

Cada um de nós é literalmente único no universo. Essa diversidade, longe de causar confusão, nos enriquece. Sim, somos a comunidade dos diferentes. E, nas nossas diferenças, encontramos o grande triunfo da civilização: o riquíssimo aprendizado que surge da convivência harmoniosa com os "diferentes" de você.

30

NÃO ESCREVA
COM O FÍGADO

"Não escreva com o fígado." Esse é o conselho que deveria inspirar todos os "escribas" do mundo, todos os que se expressam por mensagens escritas em qualquer veículo ou plataforma de comunicação. Qualquer emoção negativa – mágoa, ressentimento, ódio, desejo de vingança – é má companhia nesse momento. A razão é simples: as palavras escritas emprestam ao texto um tom documental e eternizam sentimentos que costumam ser passageiros. Além disso, os textos escritos dão às ideias conotações diferentes do que é falado. A transcrição de um discurso, por exemplo, não capta as nuances da oralidade, a ênfase dada a certas palavras, gestos e expressões faciais que emprestam sentido especial ao que está sendo dito. Ainda que se trate do mesmo texto, o discurso escrito fica diferente do discurso falado.

Se estiver mal-humorado, com raiva ou qualquer sentimento negativo, tente se acalmar primeiro ou deixar para escrever depois, quando estiver minimamente apaziguado. Ainda que a intenção seja rebater com a devida energia ao que considera um desaforo, não faça isso sem estar minimamente sereno para não se deixar levar pela emoção negativa. Espere baixar o ponto de fervura para depois se manifestar, escolhendo as palavras apropriadas para não se arrepender depois do que escreveu.

Hoje em dia, sabe-se que esse tipo de manifestação impensada custa caro, por exemplo, a quem está procurando vaga no mercado de trabalho. Um critério usado por muitas empresas nos serviços de recrutamento e seleção é vasculhar as redes sociais do candidato a emprego, garimpar posicionamentos públicos, escritos e falas. Essa "operação pente-fino" tem determinado o futuro profissional de muita gente. Nenhuma empresa deseja ter seu nome associado a alguém vulnerável a esse tipo de manifestação.

Quando se trata de alguém que ocupa um cargo público, isso ganha uma importância ainda maior. Espera-se de quem exerça um cargo de servidor público (isso vale também para os chefes de Estado) que honre essa função respeitando protocolos éticos básicos de comunicação. Num mundo onde todos estamos expostos e devassados pelo que publicamos inadvertidamente numa rede social, convém ter cuidado. Se estiver de mal com a vida, evite escrever o que depois poderá ser usado contra você.

Há um ditado que, mesmo sendo a princípio exagerado, provoca-nos uma boa reflexão nesse tempo de *fake news* disseminadas levianamente nas redes sociais: "*Careless talk costs lives*" (algo como "Conversa descuidada custa vidas").

Outro ditado inspirador nos adverte nos seguintes termos: "Quando o assunto é importante, não dê nem receba recados", isto é, se a questão é de fato relevante, elimine o mensageiro e faça a comunicação direta você mesmo. Ninguém melhor que você para expressar com exatidão o que lhe convém. Como se sabe, quando se delega essa missão a um mensageiro, é enorme o risco de a informação não chegar ao destinatário da forma exata como você deseja. Lembra-se daquela brincadeira de infância, o "telefone sem fio"?

Tudo o que se escreve – ou tudo o que se diz – ganha vida própria e segue por caminhos que nem sempre controlamos. Melhor saber disso antes de escrever ou dizer. Escrever com equilíbrio e responsabilidade não é receita de felicidade, embora poupe as pessoas de muitos dissabores na vida.

Tudo o que se escreve – ou tudo o que se diz – ganha vida própria e segue por caminhos que nem sempre controlamos. Melhor saber disso antes de escrever ou dizer. Escrever com equilíbrio e responsabilidade não é receita de felicidade, embora poupe as pessoas de muitos dissabores na vida.

31

A FORÇA DO UM

Cada um de nós tem o poder de interferir na realidade que nos cerca de maneiras surpreendentes. Assim como não é possível compreender o oceano sem a preciosa contribuição de cada minúscula gota de água salgada, somos parte de algo maior que só pode ser explicado a partir da complexa soma de todas as unidades. Essa é a força do um.

Cada um de nós é um dínamo, uma pequena usina de energia, que influencia em maior ou menor grau os que estão à nossa volta. Em sociedade, interagindo uns com os outros, essa força se propaga de várias formas. Quem investiga esse assunto (especialmente nos domínios da física) descobre que influenciamos o equilíbrio dinâmico do universo por aquilo que fazemos ou deixamos de fazer, pelo que falamos ou deixamos de dizer, pelo que escrevemos ou deixamos de registrar. Tudo o que expressamos em vida reverbera no meio em que transitamos e influencia (para o bem ou para o mal) os que estão à nossa volta, ou aqueles que acessam nossas mensagens virtuais. O fato é que influenciamos de maneira direta e objetiva as vidas dos que compartilham conosco a existência.

Por exemplo: quando nos calamos diante das ofensas proferidas por alguém, e optamos por não brigar, interrompemos um ciclo de violência que poderia ter consequências eventualmente graves e dolorosas para terceiros. O que está embutido nesse gesto? Provavelmente a coragem de não revidar uma agressão, de não sobrevalorizar o ego, de esvaziar o orgulho, não sintonizar com a beligerância alheia. A rara percepção de que, em circunstâncias desafiadoras como essa, calar pode ser a melhor opção. Não retroalimentar uma discussão arrefece os ânimos exaltados do oponente, permitindo outra forma de resolver a questão.

A coragem de fazer algo que afronta o movimento de manada vale para diferentes circunstâncias. Por exemplo, quando você está caminhando na rua e vê um resíduo qualquer no chão: não foi você que o jogou ali, mas, ainda assim, decide interromper a caminhada, coletar esse resíduo e levá-lo até a lixeira mais próxima. Eu já vi isso acontecer várias vezes. As pessoas à volta prestam atenção. De alguma maneira, aquilo as surpreende e esse gesto costuma gerar algum desconforto: "Nossa, por que ele parou e pegou o lixo que não é dele? Por que ele vai se importar com o lixo dos outros?"

Talvez isso aconteça porque, no senso comum, a rua é lugar de ninguém. Mas quando invertemos esse entendimento, e preferimos acreditar que a rua é o lugar de todos, algo importante acontece. Fica difícil normatizar o desprezo pelo coletivo embutido no simples gesto de jogar o lixo no chão. Quem reage a isso realiza "a força do um". Contraria expectativas e surpreende os que estão à volta. Sinaliza o comprometimento pessoal com um projeto coletivo, com algo maior, nobre e urgente.

Portanto, em diferentes quadrantes da vida, todos nós podemos fazer a diferença em favor de um mundo melhor, mais justo, ético, um mundo onde tenhamos menos egoísmo e mais solidariedade. A força do um transforma a realidade de todos. Esse é um exercício civilizatório a que todos nós, sem exceção, estamos sendo constantemente convidados a realizar.

Cada um de nós tem o poder de interferir na realidade que nos cerca. Essa é a força do um. Todos nós podemos fazer a diferença em favor de um mundo melhor, mais justo, ético, um mundo onde tenhamos menos egoísmo e mais solidariedade. A força do um transforma a realidade de todos.

Não importa **o tamanho da crise**.
Não importa **a loucura do mundo**.
Não importa **a sensação de impotência**.
Existe **a força do um**.

A força de **uma ideia impactante**.
A força de **um sentimento superior**.
A força de **uma ação transformadora**.

Comece com **uma ideia**.
Aja com o **seu sentimento**.
Transforme com a **sua ação**.

Seja a força do um!

A FORÇA DO UM

© 2019 by Infinda

DIRETOR GERAL
Ricardo Pinfildi

DIRETOR EDITORIAL
Ary Dourado

CONSELHO EDITORIAL
Ary Dourado, Julio Cesar Luiz,
Ricardo Pinfildi, Rubens Silvestre

DIREITOS DE EDIÇÃO
Editora Infinda (Instituto Candeia)
CNPJ 10 828 825/0001-52   IE 260 180 920 116
Rua Minas Gerais, 1 520 (fundos) Vila Rodrigues
15 801-280 Catanduva SP
17 3524 9800   www.infinda.com

DADOS INTERNACIONAIS DE CATALOGAÇÃO NA PUBLICAÇÃO (CIP BRASIL)

T828f

TRIGUEIRO, André [*1966].
A força do um / André Trigueiro. – Catanduva, SP: Infinda, 2020.

224 p. ; 15,7 × 22,5 × 1,2 cm

ISBN 978 85 92968 09 0 [Premium]
ISBN 978 85 92968 10 6 [Especial]

1. Autoconhecimento. 2. Desenvolvimento pessoal.
3. Comportamento. 4. Relacionamento.
5. Valores éticos. 6. Emoções. 7. Psicologia.
8. Espiritualidade. 9. Reflexões.
I. Título.

CDD 158.1 CDU 159.94

ÍNDICES PARA CATÁLOGO SISTEMÁTICO
1. Autoconhecimento : Desenvolvimento pessoal :
Psicologia aplicada
158.1

EDIÇÃO
1.ª ed. Premium | set/2019 | 15 mil exs.
1.ª ed. Premium e Especial, 2.ª tiragem | jan/2020 | 10 mil exs.

Impresso no Brasil   *Printed in Brazil   Presita en Brazilo*

COLOFÃO

TÍTULO
A força do um

AUTORIA
André Trigueiro

EDIÇÃO
1.ª Premium e Especial, 2.ª tiragem

EDITORA
Infinda [Catanduva SP]

ISBN
978 85 92968 09 0 [Premium]
978 85 92968 10 6 [Especial]

PÁGINAS
224

TAMANHO MIOLO
15,5 × 22,5 cm

TAMANHO CAPA
15,7 × 22,5 × 1,2 cm [orelhas de 9 cm]

CAPA
Ary Dourado

FOTO AUTOR
Lola Tachibana

PREPARAÇÃO DE ORIGINAIS
Alexandre Caroli Rocha

REVISÃO
Alexandre Caroli Rocha

PROJETO GRÁFICO
Ary Dourado

DIAGRAMAÇÃO
Ary Dourado

COMPOSIÇÃO
Adobe InDesign CC 14.0.2 x64
[Windows 10]

TIPOGRAFIA CAPA
[Monotype]
Helvetica Now Display Thin 80/80
Helvetica Now Display Medium 20/20
Helvetica Now Display Medium 14/14
Helvetica Now Text Regular 14/17,5
Helvetica Now Text Bold 14/17,5
Helvetica Now Micro Regular 10/12,5

TIPOGRAFIA TEXTO PRINCIPAL
[TypeTogether]
Adelle Regular 11/18

TIPOGRAFIA TEXTO DESTACADO
[TypeTogether]
Adelle Semibold 13/18

TIPOGRAFIA CITAÇÃO
[TypeTogether]
Adelle Italic 11/18

TIPOGRAFIA OLHOS
[Monotype]
Helvetica Now Display Light 18/24

TIPOGRAFIA TÍTULOS
[Monotype]
Helvetica Now Display Extra Light
24/26
Helvetica Now Display Hairline
240/240

TIPOGRAFIA FÓLIOS
[TypeTogether]
Adelle Regular 11/11

TIPOGRAFIA DADOS E COLOFÃO
[TypeTogether]
Adelle Regular e Bold [8; 10]/[10; 12]

MANCHA
103,3 × 150 mm, 24 linhas [sem fólio]

MARGENS
17,2 : 25 : 34,4 : 50 mm
[interna : superior : externa : inferior]

PAPEL MIOLO
ofsete Suzano Alta Alvura 75 g/m²

PAPEL CAPA
papelcartão Suzano Supremo
Alta Alvura 300 g/m²

CORES MIOLO
2 × 2
Pantone 300 U [CMYK 100 : 54 : 0 : 3]
Pantone 7404 U [CMYK 0 : 8 : 100 : 0]

CORES CAPA
4 × 2
CMYK ×
Pantone 300 U e Pantone 7404 U

TINTA MIOLO
Seller Ink

TINTA CAPA
Seller Ink

PRÉ-IMPRESSÃO
CTP em Platesetter Kodak
Trendsetter 800 III

PROVAS MIOLO
HP DesignJet 1050C Plus

PROVAS CAPA
HP DesignJet Z2100 Photo

IMPRESSÃO
processo ofsete

IMPRESSÃO MIOLO
Heidelberg Speedmaster SM 102 2P

IMPRESSÃO CAPA
Komori Lithrone S29

ACABAMENTO MIOLO
cadernos de 32 pp.,
costurados e colados

ACABAMENTO CAPA
brochura com orelhas
laminação BOPP fosco
verniz UV brilho com reserva

PRÉ-IMPRESSOR E IMPRESSOR
Lis Gráfica e Editora [Guarulhos SP]

TIRAGEM
10 mil exemplares

TIRAGEM ACUMULADA
25 mil exemplares

PRODUÇÃO
janeiro de 2020

A marca FSC® é a garantia de que a madeira utilizada na fabricação do papel deste livro provém de florestas que foram gerenciadas de maneira ambientalmente correta, socialmente justa e economicamente viável, além de outras fontes de origem controlada.